KB088983

페미니스트
라이프스타일

페미니스트
라이프스타일

내 삶과 세상을 바꾸는 페미니즘

김현미 지음 줌마네 기획

상품명	수량	금액
고립감	1개	
가짜 친밀성	1개	0
벤아웃		0
불안		0
직장 내 성	1개	0
부가세 과세 물품가	1개	0
부 가 액 :		0
합반반반		0

반비

차례

다양한 여성 연대와 결속을 향한
페미니스트 라이프스타일

『페미니스트 라이프스타일』이라는 책 제목이 독자에게 건넬 상상력, 감정, 선입견이 궁금합니다. 어떤 사람은 비혼주의, 비거니즘(veganism), 레즈비어니즘(lesbianism), 성공주의 등으로 라이프스타일을 연상할 것이고, 또 어떤 사람은 먹고 입고 사는 취향의 문제를 떠올릴 수도 있겠습니다. 제가 강조하고자 하는 페미니스트 라이프스타일은 페미니스트로서 살아왔고, 살아내고, 살아가기 위한 지속 가능한 세계관과 삶의 선택지를 의미합니다. 모든 여성은 자기 시간을 살아갑니다. 하지만 자신의 경험과 조건이 유일한 참조 체계가 될 때, 우리는 점점 자기 세대를 넘어 상상하기 어려워지고, 페미니스트 간의 소통 또한 어려워집니다. 우리는 페미니스트 개인으로 존재하지만, 페미니즘은 공동체적 형식을 지향합니다. 수많은 여성들이 '어떻게 살 것인가?'부터 '왜 살아야 하는가?'에 관해 질문합니다. 페미니스트들은 이 질문에 매우 오랜 기간 다양한 방식으로 '응답'해왔고, 이 책 또한 33년 이상 페미니스트임을 자부해온 저의 하나의 응답입니다.

제 응답은 '줌마네'의 강연 초대를 통해 가능해졌습니다. 이 책은 2018년 5월부터 7월까지 진행된 강연 '일상의 여성학: 인간적인 노동과 삶을 위한 일상의 재배열'의 결과물입니다. 줌마네는 '여자들의 자립과 예술적 성장을 서로 돕는 곳'이라는 목표로 2001년에 설립되었습니다. 글쓰기 모임, 영화 제작, 문화 기획, 산책학교 등을 통해 청년들과 중년 여성들이 고립감에서 벗어나 공적인 혹은 공동체적인 '자리매김'을 할 수 있도록 지원하는 모임입니다. 저는 줌마네 기획팀의 초대를 받아 총 4회의 강의를 진행했고, 일과 삶의 선택지를 늘려나가는 여성들과의 집담회에 참여했고, 이후 1박 2일의 캠프에서 강의 참여자들과 함께 깊은 대화와 축제의 시간을 보냈습니다. 이 책은 4회의 강연 내용을 담은 것입니다. 이 강연에는 20대부터 60대까지 다양한 나이대의 여성들, 하는 일도 다 다른 여성들이 참여했습니다. 물론 페미니즘과 맺고 있는 관계 또한 다르겠지만, 이들에겐 페미니스트로 살아가기 위해 해명하고 싶은, 또는 이해하고 싶은 많은 질문들이 있었습니다. 자신을 페미니스트로 생각하는 분들은 동시대 페미니즘에 자신이 얼마나 공감하고 있고, 어떻게 빗겨나 있는가에 대해 '확인'받고 싶어 했고, 20~40대 여성들은 일터에서의 고단함과 미래가 주는 불안한 중압감에 관해 이야기하고 싶어 했습니다. 이 때문에 제가 강연 키워드로 제시한 '일과 삶의 재배열'이라는 말에 이끌렸다고 합니다.

　　　이 책은 여성들을 둘러싼 복잡한 사회 구조적 조건을 분석하는 「신자유주의 경제와 여성의 일터」, 「시간의 재배열을 위한 기획들」, 「위치 이동을 위한 사유들」, 「여성 연대를 위한 실천들」이라는 주제로 구성되어 있습니다. 여성들은 통합된 인격체로서 일, 활동, 소비, 친교 등에서 페미니즘적 일관성을 갖고 싶어 합니다. 하지만 페미니즘은 처음부터 단일한 사상 체계가 아니었고, 특정 시간과 공간, 경제적 요인과 심리적 요인, 개인의 자율과 집단으로서의 결속 사이에서 구성되는 관점, 입장, 실천입니다. 『페미니스트 라이프스타일』에서는 삶의 태도와 가치를 일관되게 지켜나가는 것을 어렵게 만드는 구조를 파악하고, 이를 공동체적 연대로 해결해가자는 저의 입장을 제시합니다.

이제 페미니즘은 그 의미와 사용이 너무 광범위해지고, 의도마저 다양해져서 개인의 정치적 영향력, 취향이나 일시적 선택처럼 회자됩니다. 지난 수년간 한국에서 페미니스트들은 다양한 형태의 성폭력에 대한 집단적 분노와 응전이라는 감정에 깊이 연루되어 소셜네트워크서비스(SNS), 거리, 강연장에서 많은 시간을 보냈습니다. 하지만 여전히 많은 여성들이 '혼자 남게 될 때'의 고립감과 두려움은 그 깊이를 더해간다고 호소합니다. 트위터 등 SNS상의 당찬 결속의 언어에 고무되지만, 정작 자신의 가정이나 일터에서는 침묵하거나 모른 척해야 살아남을 수 있는 견고한 억압의 벽이 있다는 것을 알고 있습니다.

동시에 성공주의가 하나의 대안으로 주목받고 있습니다. 한국 여성들은 이미 고학력을 갖추었고, 학교나 시험에서는 수치적 평등을 이뤄냈을 뿐 아니라, 남성 동료를 앞지를 만큼의 구체적인 성과를 이뤄냈습니다. 능력주의가 곧 평등을 가져올 것이라는 믿음은 국가의 경제성장이 곧 나의 '부'를 확장해낼 것이라고 믿었던 집단적 최면만큼이나 강력합니다. 또한 모든 세대의 여성들이 위태롭거나 불안정한 노동에 내몰리고 있습니다. 돈으로, 일로 성공한 여성들이 너나 할 것 없이 본인은 '페미니스트'라 말할 때, '나'의 불안과 '그들'의 과시적 탁월함을 과연 같은 페미니즘으로 묶어낼 수 있는가에 대해 의문을 품고 있습니다.

페미니즘이 여성의 피해나 고통에만 주목하는 것도, 반대로 능력이나 탁월함을 강조하는 것도 모두 나름의 '딜레마'에 빠지게 됩니다. 피해나 고통에만 주목하면, 정책이나 자원의 수혜자가 되기 위해 '주류'에 호소하면서 다른 소수자나 약자와 고통을 경쟁하게 됩니다. 생물학적 여성이 강조되면서 페미니즘 최대의 적은 가부장제하 지속되어온 '부정의'와 '불평등'이 아니라 트랜스젠더나 난민이 되는 상황과 비슷합니다. 한편 여성이 누구에게도 뒤지지 않는 능력을 소유하고 있음을 강조하는 방식은 여성은 높은 자리에 올라야 하고, 건강과 외모도 좋아야 하고, 돈도 많이 벌어야 한다는 명령을 강제합니다. 이 모든 것은 상대적인 것이지만, 이런 가치를 여성 권력이 확장하는 척도로 간주하기 시작하면 이 때문에 '도태되고 낙후된 자'로 취급받고, 배제되는 수많은 여성이 만들어집니다. 페미니스트라는 자기 명명은 사적인 자아에 사회적 자아를 덧입히는 과정입니다. 케이스 웍스(Kathi Weeks)가 지적한 것처럼 자유를 자기결정 혹은 자기 주권의 문제로만 보면 유아독존적 현상으로 축소되어버립니다. 자유는 "세계를 건설하는 실천"으로서 사회적이고도 정치적인 노력을 의미합니다. 이 말은 자유는 소유의 문제가 아니라 정치적 비전을 가지고 실천할 수 있는 역량이라는 것입니다.[1]

여성들 간의 속도, 공간, 경험의 차이는 동질한 정치로 엮어낼 수 없습니다. 하지만 여성들이 자신의 에너지를 어디에 재분배해야 하는지, 무엇을 모색하고 어떤 희망과 목적을 갖기 위해 재분배해야 하는지 고민하고 서로에게 관대해질 때, 연대와 결속의 장들을 다양하게 생성할 수

1— 케이시 웍스, 제현주 옮김, 『우리는 왜 이렇게 오래, 열심히 일하는가?』(동녘, 2016), 43쪽.

있을 것입니다. 이 때문에 저는 라이프스타일의 선택지들을 보여주는 페미니스트들의 존재가 광폭하게 몰려오는 소비 자본주의나 소수에게 독점된 전행(專行)의 권리에 쉽게 함락되지 않을 실질적인 힘이라고 생각합니다. 어떤 여성은 농사를 지으면서 기후위기를 체험하고, 여성이 재난에 왜 취약한지를 이해하며 페미니즘의 길로 들어설 것입니다. 어떤 여성은 디지털 노동을 하거나 의료 분야에서 일하면서, 인공지능이나 돌봄 로봇이 겉으로는 성 중립을 강조하지만, 실재하는 사회의 젠더(gender) 불평등과 부정의를 어떻게 고스란히 반영하고 확장하고 있는지 알아차리며 페미니스트 기술자가 될 것입니다. 어떤 여성은 저출산 위기를 해결하기 위한 자궁의 제공자가 아닌, 생명과 삶을 재생산하는 존엄한 존재로서 아이를 낳아 기를 것입니다. 또 다른 소녀는 자발적 다이어트가 여성 신체에 대한 오래된 폭력임을 깨닫고 '멈춤'을 선언할 것입니다. 여성의 선택지들이 의미 있는 중요한 사회변화의 가치를 지향하고, 이를 인정하고 수용하는 사회에서 진정한 라이프스타일이 태동할 것입니다.

2015년 페미니즘 대중화 이후 '나는 페미니스

트는 아니지만'에서 '나는 페미니스트라서'로, 여성들의 자기 정의가 급격히 변화했습니다. 과거의 '꼴페미' 또는 한 줌의 지식인이나 운동가로 폄하되기 어려운, 다수의 여성이 '그렇게 살지 않겠다.'라고 목소리를 높이고 있습니다. 하지만 여전히 페미니스트로 살고, 살아내고, 살아 있는 것은 저열한 낙인, 부정, 분노의 감정의 대상이 될 뿐입니다. 이런 가부장적 심리 통제를 뛰어넘어 활력 있는 삶을 살아가는 변화 또한 필요합니다. 주변의 여성이나 이방인, 제대로 된 남성을 곁눈으로 스캔하지 말고, 말 걸기와 관계 맺기를 통해 연대와 친밀성의 장들을 만들어내는 것에 주저함이 없기를 바랍니다.

이 책은 제가 만나고 대화를 나눴던 많은 여성의 일, 삶, 관계를 둘러싼 고민과 생각을 반영하고 있습니다. 제 강의는 우리를 둘러싼 세계의 구조를 읽고, 이를 설명해낼 언어를 고안하며, 삶의 선택지를 늘리기 위한 크고 작은 질문들을 공유하는 자리였습니다. 따라서 이 책은 많은 여성 동료들과의 협동적 작업의 결과입니다. 먼저 이 강의를 기획하고 초청해주신 '줌마네' 대표이며 제 오랜 친구인 이숙경 영화감독, 최규정·김혜정 활동가에게 감사드립니다. 강연 녹취를 풀어준 강연 기획팀의 심은애 씨에게 진심으로 감사드립니다. 강연에 참여해주신 서른다섯 분의 여성들의 경험, 소통 의지, 활력, 지지는 강연을 책으로 변형시킨 원동력이 되었습니다. 반비의 최예원, 조은 편집자는 구술 강연의 즉각성에서 흔히 생략될 수 있는 의미를 명료화하는 데 큰 도움을 주었습니다. 조은 편집자는 이 책의 1번 독자로 저와 여러 차례 글로 대화를 나누며 책의 완성도를 높여주었습니다. 『페미니스트 라이프스타일』이 한 시니어 페미니스트의 비장한 선언이 아닌, 동시대 여성들에 대한 환대의 초청으로 읽히길 바랍니다. 페미니스트로 살아왔고, 살아내고, 살아갈 분들 모두 존경합니다.

2021년 1월

김현미

여성의 임금노동: 선택에서 필수로 · 일터에 만연한 성적 위협 · 신자유주의 경제와 새로운 자유 · 재생산 영역의 상품화 · 돌봄과 친밀성을 팝니다 · 자아 전시적 노동자 · 여성의 '일' 세계: 불안정한 대규모 프레카리아트 · 감정 과잉 일터의 성폭력 · 불안의 과잉화, 일상화, 여성화 · 여성의 선택지 혹은 선택지의 부재

1강 신자유주의 경제와 여성의 일터

안녕하세요. 저는 페미니스트 문화인류학자이고, 특히 여성 노동과 이주, 도시, 생태 문제에 관심이 많습니다. 학교에서 가르치는 일도 하고 있어요. 네 번에 걸쳐 진행되는 이 강의는 사실 제가 평소에 갖고 있던 고민을 다 해결하지 못해서 구상하게 되었습니다. 페미니즘의 관점에서 일상의 재배열을 실천한다는 것은 쉽지 않은 과제인데요. 이 강의에서 그 과정을 시작하기 위한 인식론적 여정을 함께 해봤으면 합니다.

제가 대학에서 강의를 한 지 25년이 되어가는데, 그사이 페미니즘의 격변을 여러 번 겪었습니다. 제가 선명하게 기억하는 페미니즘의 르네상스는 1990년대 중후반입니다. 당시 굉장히 다양한 형태의 페미니즘이 탄생했죠.

법제도 운동이나 명망가들이 주도하던 여성운동의 집단화된 특징에서 벗어나, 스스로를 페미니스트라 주장하는 수많은 개인이 등장했습니다. 이들은 자기 고백, 공연, 페미니스트 카페, 토론회, 캠프 등을 통해 도시의 아방가르드 혹은 아나키스트적 분위기를 풍기는 개성 강한 여성들이었습니다.

섹슈얼리티(sexuality)에 관해서도 활발하게 토론했습니다. 1980년대에서 1990년대 초반까지 제도권 내 페미니즘의 핵심이 법제화 및 제도화를 통한 권리 운동이었다면, 1990년대 중후반에 가장 핵심적인 이슈는 '나의 섹슈얼리티'였지요. 제가 몸담고 있던 학교 주변에서는 이른바 처녀막에 대한 공포가 사라진 세대가 등장했습니다. "처녀막이란 떼어버리는 것이다."라는 말이 있을 정도의 분위기였어요. 당시만 해도 성적 경험에 대한 대부분의 이슈는 '혼전'과 '결혼' 사이 '대기 시간'의 성행위를 어떻게 바라봐야 할 것인가 하는 것이었습니다. 이성애 여성들은 일종의 성폭력의 방식으로 술김에 '술 취한 정자'를 받아들이면서, 또는 누군가의 자취방이나 여관방에 누워 있는(남자 몸에 깔려 있는) 자신을 천장에서 엄마가 계속 내려다보는 것 같은 불편함을 느끼면서 성적 경험을 했다고 고백했습니다.

이성애 페미니스트와 퀴어 페미니스트 간의 논쟁 또한 격렬했습니다. 결혼은 여성이 남성에게 성과 노동을 제공하고 사회적, 경제적 안정을 보장받는 제도로 비난받았습니다. 이성애자들은 '다수 여성'의 경험을 무시할 수 없다는 점을 강조하며, 이런 경험에서부터 페미니즘 인식과 운동이 출발했다는 점을 강조했지요. 이 두 집단의 논쟁 속에서 일군의 페미니스트들은 동성(同性)과 성적 경험은 갖지 않지만 퀴어적 태도를 견지하는 '정치적 레즈비어니즘'을 주장하기도 했습니다. 참 열정적인 시간이었습니다.

하지만 그 후 2000년대부터 페미니즘은 15여 년간 암흑기를 견뎌내야 했습니다. 결정적인 사건은 1999년의 '군가산점제 위헌판결'이었습니다. 그때부터 특히 이화여대 학생들을 비롯한 페미니스트들을 멸칭하는 소위 '꼴페미'라는 명명과 여성가족부 해체 운동 같은 '여성혐오'가 생겨났고, 2000년대 이후로는 우리가 잘 알고 있는 여성의 혐오적 명명화가 지속되었죠. 현재까지도 한국 여자들은 자기

(위) 군복무자 우대 정책에 관한 사회적 논쟁은 성별 간 대립 구도로
흔히 서사화되었다. 안선희, 「군복무자 공무원시험 가산점 논란 격돌!」,
《한겨레》(1998년 10월 9일 자).
(아래) 1999년의 군가산점제 위헌판결 이후 PC통신을 중심으로
여성에 대한 대규모 비난과 공격이 일어났고, 페미니스트에 대한 멸칭
등 집단적인 여성혐오 발화가 시작되었다. 오철우, 「군필남성 사이버
대공세」, 《한겨레》(1999년 12월 25일 자).

이름으로 불린 적이 없습니다. 개똥녀, 된장녀, 김치녀, 맘충 같은 이름으로 이어지는 암흑의 15년을 겪었습니다.

2015년 '메갈리아(인터넷상의 여성혐오 문화와 언어를 남성에게 반사해 적용하는 '미러링' 전략으로 주목받았던 커뮤니티 사이트)'의 탄생 이후에는 새로운 페미니즘의 대중화를 경험하면서 다시 활기찬 시간이 펼쳐졌습니다. 그러다가 여러 고민이 떠올랐습니다. 제가 알고 있는 페미니즘은 타인을 도구처럼 사용하지 않고 상품으로 구매하지 않으면서도 매우 유흥적이고 쾌활한 감정 상태에 이르고, 격렬한 논쟁을 하되 인간에 대한 즉각적인 불신으로 가지 않는 너그러운 페미니즘입니다. 그런데 요즘 페미니즘 진영에서 무슨 말을 어떻게 해야 할지 모르겠다는 얘기를 자주 듣습니다. 자기 검열, 낙인에 대한 공포, 또 '좋아요' 한 번 눌렀다가 '완전 싫어'의 대상이 된 경험이 보여주듯 페미니즘 내부의 치열한 편 싸움이 일어난 것이지요. 물론 이런 변화는 성찰이 부족했던 우리의 말과 행동을 반성하는 계기가 되었고, 상황과 사태를 '공부'하게 하는 효과도 지녔습니다. 한번은 강의에서 무심코 사용한 꼭두각시라는 표현이 여성 비하라고 지적받은 적이 있어요. 저도 정치적 올바름에 대한 민감성이 높은 편이라 주변을 조금 힘들게 하면서도, 당시에는 기분이 좀 언짢고 당황스러웠습니다. '우리끼린데 한 번 봐주면 안 되나?' 혹은 '맥락 안에서 이해해야지.' 하는 생각도 불쑥 올라왔고요. 그러나 이후 제 언어나 감수성을 조금 더 정제하고 민감성을 높여야겠다는 자각이 생겼습니다. 이런 '불쾌한' 사건을 경험했다고 호소하는 다른 사람들에게도 '조언'하기에 이르렀다고 할까요. 의식의 진전에는 멈춤이 없어야 하기 때문입니다.

2015년 이후의 페미니즘 대중화와 함께 최근 급성장한 한국형 '래디컬 페미니즘'은 운동의 주체를 생물학적 여성으로 설정하고 있습니다. 페미니즘은 '생물학적 여성'이라는 범주 때문에 겪은 온갖 불평등과 대상화를 깨트리는 것을 목표로 대안적 사유와 실천을 확장해온 것인데, 이항 대립적 성차(性差)에 기반을 둔 '여성'만이 독점적 행위자가 되어야 할까요? 물론 여성들이 그 생물학적 '몸' 때문에 당하는 비하, 모욕, 상품화, 폭력을 생각하면 생물학적 여성들이 경험하는 구조적 경험의 공통성이 있습니다. 페미니즘을 '대중적 운동'으로 확대해나갈 때 요구되는 결속력의 강화가 생물학적 여성이라는 범주를 필수 불가결한 단위로 만들었겠지요. 하지만 어느 순간에는 여자처럼 보이는 '몸'을 갖지 않은 존재도, 가령 어린 나이부터 '남자답지' 않은 작은 몸 때문에 여자 취급을 받으면서 온갖 성폭력을 겪은 남자도 폭력이 어떻게 작동하고 그 폭력을 어떻게 멈춰야 하는지에 대해 발화하거나 운동에 참여할 수 있습니다. 다시 말하자면, 소위 여성성에 부착된 부정적 상징과 저평가된 가치 체제를 어떻게 바꾸어내는가가 문제인 것입니다.

생물학적 결정론처럼 '이분법적 사고'를 해야만 사회변혁을 재빨리 이루어낼 수 있는 것은 아니라고 생각합니다. 페미니즘 인식론과 페미니즘 운동을 위한 결속 사이에는 때로 불일치가 일어납니다. 지배 권력은 상대방을 제압할 때 쾌감을 느끼며, 사유하는 인간을 몹시 싫어합니다. 본질이나 근본주의는 단순하고 명료하기 때문에 쉽게 '세력화'되거나 조종당할 수 있습니다. 페미니스트 인식론은 다양한 권력들이 만들어내는 억압을 종식하고자 깊이 사유하고 변화를 위한 생각과 실천을 구성하는 이론으로, 상황과 맥락에 따라 여러 전략을 세워나가야 합니다. 소위 이질적인 페미니즘 진영 간에 그렇게 적대적인 입장이 존재하는 것은 아닙니다. 서로 다른 형태의 페미니즘 세력이 개별 사안에 공통의 목소리를 내며 거리에 함께 나오기도 하고, 다양한 포럼을 통해 논쟁하기도 하죠. 하지만 때로는 강력한 확신을 유보하고 첨예한 논쟁에 참여하여 사고의 폭을 확장할 수도 있어야 합니다.

제가 이 강의를 준비하게 된 가장 핵심적인 이유는, 페미니즘은 양비론이나 이분법이 아니라 '라이프스타일'이라는 데 있습니다. 라이프스타일은 포털 사이트 분류처럼 오락, 연예, 음식, 패션의 '소비'를 의미하는 것이 아니라, 평생 가져가야 할 삶의 태도이자 세상을 보는 관점입니다. 또한 다중적 억압에 목소리를 내면서 나의 권리가 모든 사람의 권리로 확장되게끔 하는, 굉장히 중요한 과제와 이어져 있죠. 이것이 곧 '라이프스타일로서의 페미니즘'이 다루는 화두입니다. 다시 말하면, 내 에너지(성적인 에너지, 감정적 에너지, 지적 에너지, 경제적 자원 등)를 누구와 무엇을 모색하며 어떤 희망과 목적을 갖기 위해서 만들어낼 것인가에 대한 윤리적 입장입니다. 그리고 무엇이 중요한 일, 기쁜 일인지에 대한 '참조 체계'를 바꾸는 과정이기도 합니다. 이를 위해서 일상의 '재배열'을 어떻게 실천할지, 그것이 얼마나 힘든지를 논의하고, 혼자서는 할 수 없다는 것을 깨달으면서 함께 재배열의 방법들을 모색하자고 제안드리고 싶습니다.

그런 점에서 네 번의 강의는 공동적 협력 생애사를 구성하는 작업입니다. 저는 발제자 역할이고, 여러분이 각자의 삶에서 이 문제가 안 풀린다, 내가 어떤 방식으로 사유해야 할까 하는 질문과 이야기를 나눠주시는 거예요. 서로 인생 경로도 다르고 고민의 지점도 다르지만, 다양한 경험들이 모이고 그것들이 언어화된다면 내 개인의 생애사뿐 아니라 협력적 방식으로 구성된 공동 생애사가 완성될 것입니다. 그것을 기반으로 우리의 선택지를 늘려가면서 살아갈 수 있겠지요. 덧붙여 제가 학술적인 용어를 되도록 안 쓰려고 노력하겠으나, 고통 없는 해답은 없답니다.(웃음)

첫 번째 강의는 조금 낯설 수도 있고, 재배열하라는 건지 낙담하라는 건지 모르겠다 싶으실 수도 있지만, 재배열을 시도하는 과정에서 현실 인식부터 해보자는 의미로 노동 강의를 준비했습니다. 용어나 표현이 다소 생경해도 우리가 이미 경험하고 있는 현실이라서 이해하기가 별로 어렵지 않을 겁니다.

여성의 임금노동: 선택에서 필수로

돈을 받고 하는 '일'은 매우 중요합니다. 어느 누구도 일 없이 살 수 없고, 일은 누구에게나 삶의 일부입니다. 그런데 지금 우리는 일이 삶의 너무 많은 부분을 차지하거나, 일이 없거나, 아니면 하고 있는 일이 경력과는 연결되지 않은 채로 좌충우돌하며 근근이 먹고살아가고 있지요. 이런 상황에서 여성들이 일과 삶의 경계를 횡단하면서 덜 불안하고 더 자존적인 삶을 살 수 있는 방법은 무엇일까요? 이 질문을 함께 풀어나가 보겠습니다.

현재 여성 혁명에 아주 중요한 역할을 하고 있는 30대 여성의 40퍼센트 가까이가 비혼 상태입니다. 소위 생계부양자로 간주되던 남성 파트너 없이 사는 여성의 숫자가 그렇게 크다는 거죠. 여성 생애주기의 전형적 모델, 즉 20, 30대 때 일을 하다가 결혼해서 아이 낳고, 전업주부가 되는 경우가 예전보다 크게 줄어들었습니다. 또 결혼을 하더라도 여성의 과반은 맞벌이를 합니다. 모든 것이 상품이 된 소비사회에서 성인 노동자 한 명의 임금으로는 먹고살기 힘들기 때문이지요. 결혼을 하든 비혼으로 살든 돌싱이 되든 누군가의 경제력에 의존해 살 수 있는 가능성은 점점 사라지고 있습니다. 즉 여성의 임금노동이 더 이상 선택이 아닌 사회가 되었죠. 소비자본주의 사회에서, 더군다나 복지가 발달한 나라도 아닌 한국에서 여성들에게는 임금노동 외의 선택지가 없어졌다고 봐도 무방합니다. 일은 우리가 사회적 존재가 되기 위해 필요한 물질적, 재정적 조건과 지위를 확립하는 유일한 통로가 되었습니다. 그렇다면 지금 여성의 임금노동은 어떤 상황에 놓여 있을까요?

여성들에게는 돈뿐만 아니라 일에서 얻는 활력과 보상도 중요한 문제입니다. 앨리 러셀 혹실드(Arlie Russell Hochschild)는 현대 여성에게 일과 가족의 균형 잡기가 불가능해지는 현상을 '일터의 가족화(familization)'와 '가족의 일터화(workization)'라는 개념으로 정의합니다.[1] 혹실드는 직장에서의 장시간 노동과 여가 부족으로 가정에서 보내는 시간이 줄어드는 경향에 대해 가족생활이 일처럼 되고, 직장이 집처럼 되고 있다고 말합니다. 이 말은 수사적 표현 이상의 의미를 담고 있습니다. 가정은 더 이상 편안하고 안락한 휴식처가 아니며 직장 여성들에게 집은 힘든 가사노동과 육아노동이 기다리고 있는 또 하나의 일터라는 것입니다. 전문직 여성들이 일터에서 보내는 시간이 점점 더 늘어나고 있어요. 일터가 곧 자신의 개별성을 표출하는 중요한 장이요, 관계와 감정이 교환되는 장이 되고 있는 반면에, 가정일은 부담스러운 나머지 일처럼 되어버리는 심리가 생깁니다. 전에는 '일중독 남성-불만스러운 부인'이 현대 핵가족을 상징하는 이미지였지만, 여성들이 노동 시장에 활발히 참여하면서 '일중독 부모-불평하는 아이'가 현실을 표상하고 있습니다. 워킹맘들은 이렇게 말합니다. "빨리 가서 엄마 품에서 떨어진 아이들을 돌봐야죠." "집에 빨리 들어가고 싶어요." "어

1— Arlie Russell Hochschild, *The Commercialization of Intimate Life*(University of California Press, 2003).

린이집에 있는 아이를 데려와서 빨리 씻기고 먹이는 게 엄마의 역할 아닐까요?" "죄책감에 시달려요." 이 여성들이 공식적으로는 이렇게 말하지만, 실은 어떻게 하면 오늘 더 오래 바깥에 남아 있을 수 있을지 고민하기도 합니다. 일터에 있을 때 자기다움을 느끼고, 생각보다 아이들 걱정은 크게 안 한다는 거죠. 어렵지 않게 공감할 수 있는 상황이지요?

여성들의 발화와 실제 경험 사이의 이런 모순은 일이 아주 중요한 위치를 차지하는 자본주의 사회에서 여성이 일에서 활력을 찾고 보상을 얻는다는 점을 인정하지 않고, 여성을 여전히 전통적인 모성이라는 성역할로 판단하기 때문에 발생합니다. 마치 일하는 엄마는 늘 혼란에 빠져 있는 것처럼 재현하곤 하죠. 모성 신화가 강하지 않은 사회일수록 여성은 역할 갈등을 덜 느끼고, 이것이 아이 교육에도 좋다고 생각합니다. 아이에게 내가 일하는 모습을 보여주면서 성별에 상관없이 모두가 일에서 활력을 찾는다는 것을 알려주고, 아이가 성평등의 가치를 내면화할 수 있도록 사회화하는 것도 엄마의 중요한 역할이라고 봅니다. 반면 한국처럼 일하는 여성을 끊임없이 죄책감이나 모성 실패로 언어화하는 사회에서는 여성들의 일 경험이 모순적일 수밖에 없습니다. 따라서 일과 엄마 역할 사이의 모순을 어떻게 줄여가느냐가 핵심적인 문제라고 할 수 있습니다. 바로 이런 모순과 혼란에서 벗어나고자 여성들은 솔직해지기로 했고, 비혼을 택하거나 아이를 낳지 않기로 결심하게 되었습니다.

여성들이 일터를 떠나는 이유는 무엇일까요? 시간이 지날수록 일하는 여성들이 더 높은 지위를 얻고 더 많은 보상과 결정권을 가져야 하는데, 많은 한국 여성들은 오히려 일터가 갈수록 난투극의 현장 같다고 말해요. 그래서 차라리 집에서 아이를 기르기로 결심하기도 합니다. 경력의 절정기에 일을 그만두는 전문직 여성들도 수두룩합니다. 그들이 말하는 이유 중 하나는 이제 아이 양육과 교육에 전념하는 자아를 발휘할 순간이 왔다고 판단했다는 겁니다. 지금까지 아이를 방치했으니, 이제부터 본격적인 '매니저 맘'으로서 전문성을 발휘해 아이의 학력을 높여야겠다거나, 이제 자신을 위한 삶이 아닌 아이를 위한 삶을 살아야겠다고 말합니다. 전업 돌봄자로서 능력을 일깨워 죄책감에서 벗어나려는 선택이죠.

또 하나의 이유는 일터의 많은 여성들이 공통으로 지적하는 문제입니다. 바로 일터 문화나 환경을 같이 바꿔나갈 수 있겠다는 기대와 신뢰를 갖기 어렵다는 점입니다. "좀 더 열심히 해서 팀장 정도 되면 기업문화도 바꾸고, 적어도 불필요한 회식 같은 건 바꿀 수 있지 않아요?"라고 물어보면 이런 답이 나옵니다. "아이고, 우리 (여성) 부장님요? 전 우리 부장님 같은 사람이 될 거면 승진 아예 안 할 거예요. 얼마나 비굴하고 치사한 방법으로 거기까지 올라갔는지 아세요? 보시면 깜짝 놀랄 겁니다." 조직에서 권력을 쟁취하고 승진한 여성들에 대한 도덕적, 윤리적, 사회적 문제 제기입니다. 그 여성이 어떻게 후배들의 공로를 빼앗으며, 또는 남성들과 얼마나 추잡한 거래를 하며 '부장님'이라는 지위를 이뤘는지 아는데, 우리는 그런 방법으로 거기 오르고 싶지 않다는 거예요. 그러면서 경력을 쌓은 나이 든 여자 선배에게 굉장히 실망했다는 발언을 하죠. 스스로 유리 천장을 만들면서 퇴사하는 것을 정당화할 때 '존경할 만한 상사나 선배가 참 없다.'라고 느꼈음을 고백합니다.

한편으로 직장 여성들은 일터에서 모두 외롭다

거나 멘토가 없다고 말합니다. 그 말은 사실 과거의 저도 했거든요. 멘토가 없다는 건 '미래의 내 모습'을 투사할 만한 인물이 없다는 뜻이고, 나이 있는 여성 친구가 없으며, 한마디로 외롭다는 표현이기도 합니다. 이런 상황이 문제적이라고 느껴지는 것은 성차별적인 일터의 구조를 보기보다 '여자 탓'만 하는 경향이 높다는 의미이기 때문입니다. 엄청난 혼란과 갈등, 모순 속에서 스스로 왜 이런 발언을 하는지 알지 못하는 데까지 이르렀습니다. 우리는 일터에서 '여성'이라는 존재가 평가되는 방식에 대해 깊이 고민하고, 일터의 민주화를 위해 페미니즘적 인식론이 절대적으로 필요하다는 사실을 깨달아야 합니다. 비혼이든 기혼 유자녀 여성이든 일은 인생에 예외적으로 존재하는 순간이 아니라 자연스러운 삶의 경로입니다. 그렇기 때문에 일터의 성평등은 우리가 모순에 빠지지 않고 경제생활과 사회생활을 할 수 있게 해주는 핵심적인 어젠다이고요. 일과 삶의 균형을 이루려면, 일이 우리의 활력과 사회의식을 완전히 잠식하지 않도록 일터가 일차적인 싸움의 장소가 되어야 합니다.

일터에 만연한 성적 위협

그렇다면 여성들에게 끝까지 남아 버티라고 말할 수 있을까요? 일터는 여전히 성적 위협이 만연한 곳입니다. 페미니스트 성(性) 연구자인 셰어 하이트(Shere Hite)의 저서 『기업과 섹슈얼리티』는 일터에서 여성들이 처한 곤경을 설명합니다.[2] 여자들은 일터에서 생존하기 위해서 여성의 신체를 희화화하는 남자들의 농담에 장단을 맞추거나, 남자의 성적 접근에 다른 약속을 핑계로 피하거나 하면서 대개 남성의 비위를 건드리지 않도록 전전긍긍하며 여러 방법을 취합니다. 최후의 수단으로 용기를 내 공개적으로 고충을 털어놓거나 문제 제기를 하지만, 이 모든 방법이 작동하지 않습니다. 어떤 방법을 택해도 여성이 위험에 빠지고 해고될 가능성이 높은 것이지요. 요컨대 여성들은 성적 위협과 성추행이 있는 곳에서 어떻게 싸워나가야 할지 역사적으로 구축된 여러 수단을 사용해보지만 여전히 전부 실패할 확

2— 셰어 하이트, 이경미 옮김, 『기업과 섹슈얼리티』(굿모닝 미디어, 2002).

률이 훨씬 높습니다.

여성들이 회식의 '자리 배정'에 따르지 않고, 추근대는 남자들에게서 도망가면 지금도 배려심이 없다거나, 협력을 안 한다거나, 조금의 자기희생도 할 줄 모르고 이기적이라는 비난을 받죠. 어떤 회사는 단순 비난에 그치지 않고 업무 능력을 빌미 삼아 해고 사유를 마련하기도 합니다. 장단을 맞춰줘도 문제는 생깁니다. 예를 들어 남자들끼리 은밀하게 해야만 쾌락화되는 '성'구매 상황에서 "저도 3차 갈게요."라고 나서는 것이니까요.(웃음) 이 여자를 따돌려야만 남자들 간의 은밀한 쾌락의 향연이 성사될 수 있으니, '야망 있고 나댄다'는 이유로 제거하고 싶어 합니다. 어떻게 해도 제거되는 결말입니다. 언어화하거나 공론화하든 참고 견디든 직장 내 성희롱·성범죄를 당한 피해자의 70퍼센트는 직장을 떠납니다.[3]

남성 대비 여성 임금 비율은 2010년 62.6퍼센트이며 2019년에는 67.8퍼센트입니다.[4] 약 10년 동안 5퍼센트 올랐군요. 경제협력개발기구(OECD) 주요 회원국 중 남녀 임금격차가 가장 큽니다. 성별 임금격차는 줄어들지 않고, 승진 차별은 여전히 노골적이고, 심지어 해고 사유도 젠더화되어 있습니다. 똑똑하지만 문제 제기 잘하는 여성, 혹은 감정노동을 수행하지 않는 여성에 대해서는 이기적이다, 함께 일하기에 너무 개성이 강하다, 그냥 싫다 같은 이유로 문제화합니다.[5] 게다가 이런 해고 이력은 그 사람을 계속 따라다녀요. 요즘은 경력직을 많이 뽑기 때문에 채용 시 이력 조회를 흔히 합니다. 구인하는 회사에서 후보자의 전(前) 직장에 이력을 조회하는 거죠. 그럼 조회 결과가 좋게 나오겠어요? 이런 이력 조회 시스템이 한국 사회에 자리 잡았기 때문에 한번 해고된 여성들이 동종업계에서 더 좋은 일자리를 얻기는 쉽지 않습니다.

3— "서울여성노동자회가 2016년 실시한 실태조사에 따르면 직장 내 성희롱·성폭력 발생 후 현재 해당 직장에 재직 중인 여성 노동자는 28퍼센트에 불과했다. 72퍼센트의 퇴사한 피해자 중 1개월 이내 퇴사는 57퍼센트, 3개월 이내 11퍼센트, 6개월 이내 14퍼센트인 것으로 나타나 직장 내 성희롱·성폭력 피해자의 82퍼센트가 6개월 이내 퇴사하는 것으로 나타났다." 진주원, 「직장 내 성희롱 신고는 한해 500건, 검찰 기소는 5년간 9건」,《여성신문》(2018년 4월 10일 자), www.womennews.co.kr/news/articleView.html?idxno=141097.
4— e—나라지표.「남성대비 여성임금비율」, www.index.go.kr/potal/main/EachDtlPageDetail.do?idx_cd=2714.
5— 이효정, 「문화적 불인정으로서의 해고: 20–30대 중반 청년 여성의 사례를 중심으로」(연세대학교 사회학과 석사학위논문, 2018).

신자유주의 경제와 새로운 자유

다음으로는 이제까지 이야기한 이 현실보다 더 가혹하게 우리의 선택지를 제거해버리는 자본주의적 변환 과정을 다뤄보겠습니다. 여성은 늘 차별을 받아왔다는 식으로 현 상황을 일반화해서 볼 수 있을까요? 우리는 신자유주의 이후 또 다른 형태의 젠더 종속을 심각하게 경험하고 있습니다. 이번 강의의 남은 내용은 대체로 새로운 젠더 종속이 어떤 방식으로 일어나고 있는가에 관한 것입니다.

신자유주의라는 용어는 다 아실 거예요. 지난 30여 년간 우리는 신자유주의 경제에 대해 귀가 닳도록 들어왔습니다. 단순화의 위험을 무릅쓰고 말하자면, 신자유주의적 자본주의 경제는 전 지구적 차원의 자유 시장 경제를 만들어내기 위해 자본가와 자산가가 더 많은 잉여를 축적할 수 있도록 국가가 각종 규제를 풀어줌으로써 그들에게 '새로운 자유'를 주는 것입니다. 신자유주의를 내세우는 학자나 행정가는 기업이 더 많은 이윤을 낳게 되면 더 많은 노동자를 고용할 수 있다는 논리로 노동자의 힘을 약화하는 '노동 유연화'를 도입하도록 설득했습니다. 그로써 쉽게 고용하고, 쉽게 해고할 수 있는 노동력을 양산해낸 것이죠.

　　　　　이러한 새로운 경제 체제의 기원을 아주 간단하게 말씀드리면, 1970년대에 자본주의의 축적 위기가 발생합니다. 상품을 생산하고 판매해서 이윤을 내야 하는데, 전 세계적으로 과잉생산이 일어나면서 대량생산의 선순환을 바탕으로 한 기존 체제에 문제가 생긴 것입니다. 게다가 제1, 2차 오일쇼크(1973년과 1978년 두 차례에 걸친 석유 공급 부족과 석유 가격 폭등으로 세계 경제가 큰 혼란을 겪은 일)로 국제 유가가 급격히 올라가니 생산 단가를 감당하기 어려워졌습니다. 세계 경기가 침체되고 장기 불황을 겪기도 했습니다. 당시 서유럽과 미국에서는 노동자들이 무력한 처지에서 벗어나 노동조합을 결성해가던 중이었고, 이를 통해 노동자의 권익을 주장하게 되었습니다. 국가는 노동자와 자본가 사이에서 중재 역할을 했지요. 이런 산업자본주의 시스템 안에서 자본가가 불만을 표시합니다. "이러다 기업 다 망한다. 더 이상 잉여가 발생하지 않는데 어떻게 기업을 운영하나!" 그러자 국가가 기업과 노동자 사이에서 수행하던 조정과 중재 역할을 일부 포기하고, 기업가와 자산가에게 새로운 자유를 부여해야만 기업이 부활해서 고용을 늘릴 수 있다는 논리를 펼친 것이 신자유주의의 핵심입니다. 또한 역사의 필연처럼 당시 미국에서는 레이건 행정부가 들어서고, 영국에서는 철의 여인이라 불린 대처가 정권을 잡습니다. 두 보수 우파는 자본가 편에 서서 빠른 속도로 신자유주의적 경제개혁을 실행해갑니다.

신자유주의 경제개혁으로 자본가에게 주어진 가장 큰 자유는 노동 유연화입니다. 이전에는 많은 인력을 정규직으로 고용해야 했고, 노동자의 노동력 재생산에 필요한 것들을 기업이 책임져야 했습니다. 그런데 신자유주의 도입 후 정규직이 아닌 다른 형태의 고용이 가능해졌죠. 우리가 알고 있는 비정규직, 시간제 일자리, 파견직, 간접고용직, 특수고용직 등 다양한 고용 형태가 나타나게 이끈 것이 바로 노동 유연화입니다.

또 다른 새로운 자유는 상품 시장의 세계화입니다. 국가의 경계를 넘어갈 때마다 관세를 높게 붙이던 정책을 철폐하고 무역을 자유화해서 전 지구를 하나의 시장으로 만들려는 경제적 과정을 일컫습니다. 상품이 세계 어디에서나 판매되고 전 세계의 시민 누구나 상품의 소비자가 되게 함으로서 더 많은 잉여를 생산하는 것이 목적입니다.

　　　　　다른 하나는 안전관리 기준의 하향화입니다. '위험의 외주화'라는 말 많이 들어보셨지요? 위험하고 힘든 일은 고용주가 책임질 필요 없는 하청업체와 파견직 노동자와 이주 노동자 등에게 전가합니다. 노동자의 건강이나 안전을 보호하기 위해 시설을 관리하고, 유해물질 사용량을 낮추고, 지속적으로 위험을 파악하는 일에 기업이 투자를 하지 않아도 되는 것이지요. 단순 비교가 물론 어렵지만, 2016년 사고성 사망만인율(노동자 1만 명당 산재 사고로 인한 사망자 수)을 보면 일본은 0.16, 독일 0.15, 미국 0.37, 영국 0.04인 것에 비해 한국은 0.53의 높은 수치를 기록했습니다.[6] 정부가 오직 노동 단가를 낮추는 데에 관심을 갖는 자본의 이해관계만 보장해준다는 뜻입니다. 또한 자동차 안전설계나 독성물질 노출 기준 등은 30대의 건강한 남성 노동자가 여덟 시간 일하

6— e-나라지표, 「주요 국가의 사고사망재해 현황」, www.index.go.kr/potal/main/EachDtlPageDetail.do?idx_cd=1514.

는 조건에 맞춰져 있습니다. 만약 같은 일터의 20대 여성이 평균 12시간을 일한다고 하면, 유해물질 노출도에 따른 영향은 당연히 달라지겠지요. 그러나 성별, 나이 차를 반영한 안전 기준 자체가 존재하지 않습니다. 여성들이 일상적으로 사용하는 화장품이나 생리대의 독성물질에 대한 조사도 시민단체를 중심으로 이뤄지는 상황입니다. 매번 정부 발표는 인체에 영향을 줄 만한 수준이 아니라는 말만 반복하면서 생산자나 자본가에게 면죄부를 줄 뿐입니다.

　　신자유주의 세계화에 의해 가장 급속하게 팽창한 것은 금융자본주의입니다. 신용카드, 빚, 대출, 환매, 주식, 투기성 금융상품 등으로 인해 사람들은 실제 가진 것보다 큰 액수를 당겨 사용하는 것에 익숙해졌고, 임금노동보다는 투자와 재테크로 사는 것이 '쿨하다'고 느끼게 되었지요.

재생산 영역의 상품화

간과해서는 안 될 또 하나의 변화는 오늘 이야

기의 핵심이기도 한 '자본주의의 재생산적 전환'입니다. 용어가 조금 어렵게 들릴 수 있는데, 설명을 위해서 생산 영역과 재생산 영역으로 일단 이분화해 말해볼게요. 그 경계가 많이 해체되고는 있지만 생산 영역은 말 그대로 재화나 서비스를 생산하는 영역입니다. 재생산 영역은 무엇일까요? 인간이 출생하고 죽을 때까지 여러 형태의 돌봄, 의식주 지원이나 서비스가 필요하죠. 갓 태어난 아이에게는 영양을 공급해주고, 교육해주고, 위생 관리해주고, 감정도 관리해줘야 합니다. 여러분의 부모나 여러분이 살림, 집안일, 개인 일로 부르며 무임으로 하는 노동이 곧 재생산 영역에서 행해지는 것입니다. 예전에는 이 영역이 상품화되지 않았습니다. 그런데 자본가들이 여태껏 시장에 나오지 않은 영역을 찾아보니 이러한 사적 영역인 겁니다. 이 영역을 상품화해서 서비스로 공급하면 큰 돈벌이가 되겠다고 판단하고 국가로부터 사적 영역의 상품화에 대한 허가를 받아냅니다. 그렇게 언젠가부터 가사노동과 육아를 돈을 받고 하는 사람들이 생기기 시작했고, 집이 아닌 산후조리원에 가는 것이 당연해졌습니다. 미국에서 자주 볼 수 있는 광경 가운데 하나가 개를 대여섯 마리씩 데리고 산책하는 사람입니다. 저는 처음에 그런 사람이 바로 애견인인 줄 알았는데, 바쁜 주인을 대신해 돈을 받고 개를 산책시키는 직업이 따로 있지요. 이런 '반려동물 산책가'의 일도 재생산 영역에 속합니다.

인간의 탄생부터 죽음에 이르기까지 전 과정에 걸쳐 제공되는 돌봄과 친밀성, 의식주 관리, 가치관의 전수 같은 재생산 영역의 노동이 모두 구매 가능한 상품이 되었습니다. 지금껏 주로 여성이나 가족 구성원이 무임으로 하던 일이 '아웃소싱'된 것입니다. 어느 날부턴가 돈 없이는 밖에 나갈 수도, 삶을 살아갈 수도 없게 되었죠. 재생산 영역이 분화된 상품이 되었을뿐더러, 모두의 '공공재'였던 공기, 물, 흙이 과도한 개발과 유해물질로 오염된 탓에 공기 청정기, 정수기, 배양토 등을 구매해 사용하면서 정화된다고 믿는 형편입니다. 환경이 파괴되면서 일상 모든 영역의 상품화가 더욱더 심화되고 있습니다.

인간과 사회의 재생산에 필요한 돌봄, 친밀성, 성적 서비스, 헌신, 사회적 소통 능력 그리고 눈치. 이런 능력이 발달된 사람은 이전까지 그 일을 수행해온 여성들입니다. 그러니 자본은 여성들을 대규모로 재생산 서비스 노동에 끌어들이죠. 그에 따라 여성의 급격한 임금노동자화가 진행됩니다. 돌봄노동자의 관점에서는 반가울 수 있습니다. 돈 한 푼 안 받고 시어머니 수발들다가, 같은 일을 요양보호사나 가정관리사 자격증을 따서 하면 80~150만 원을 벌 수 있거든요. 40~60대 나이에 일자리 얻기가 힘든데 새롭게 임금노동을 할 수 있는 자리가 생긴 거예요. 개인적으로는 독립심과 해방감을 느낄 수 있습니다.

그러나 지금 어떤 상황이 벌어지고 있느냐? 이런 일자리를 원하는 여성의 수가 많은 데다가, 이 분야가 초과이윤을 생산할 수 있는 주요 분야다 보니 대부분의 영역이 우후죽순으로 빠르게 상품화됐습니다. 여성들은 신나게 이 영역들로 진출했지만, 실제 일터에서의 일 경험이 아주 안 좋은 거죠. 재생산노동이 이전까지 무임으로 이루어져왔고 특별한 기술이 필요 없다고 여겨지는 탓에 노동 조건도 나쁘고, 임금 수준도 낮고, 경력이나 기술 수준에 대한 평가나 보상도 존재하지 않는 일터가 급속히 증가했습니다. '밥 차리라면 밥 주고, 안아달라면 안아주고, 닦아달라면 닦아주면 되는데, 무슨 기술, 무슨 숙련도가 필요하냐?'라는 생각이 지배적인 현실이 여성들로 하여금 가장 낮은 수준의 임금과 열악한 노동 조건을 받아들이게 하고 있습니다.

자본주의는 어떻게 재생산 영역에서 잉여를 증가시킬까요? 이 영역의 상품화로 관련 산업이 엄청난 초과 이윤을 창출할 수 있는 주된 이유는 열악한 노동 조건과 더불어, 사람의 감정이나 서비스, 관계를 파는 데는 원가가 들지 않는다는 것입니다.

돌봄과 친밀성을 팝니다

전국 어디를 가나 쉽게 볼 수 있는 간판이나 전단지, 혹은 휴대폰 광고의 일자리는 거의 다 '여성'을 전제로 한 것이죠. 출장 마사지, 타이 마사지, 노래방 도우미 등 성적 혹은 친밀성 서비스를 제공하는 노동은 그 영역과 범주가 더욱 세분화되고 다양해지고 있습니다. 이러한 형태의 '성애화'된 돌봄노동을 받는 대상은 이 노동을 필요로 하는 신체적 약자도 아니고 심지어 돌봄을 필요로 하는 존재도 아닌 경제력 있는 건장한 남성이지요. 이렇게 주로 남성들의 성욕을 아무런 제재나 방해 없이 가장 빠른 시간에 충족시켜주는 산업이 번창하고, 여기에서 여성 일자리가 증가하고 있는 겁니다. 또한 디지털 테크놀로지는 대면 접촉 없이도 원할 때마다 '접속'을 통해 욕구를 해결하는 자기 중심적인 성적 행태를 강화하고 있습니다. 이 때문에 우리가 목격한 것처럼 어떤 여성이라도 '불법촬영'되어 폭력적인 포르노의 '재료'가 될 수 있는 상황에까지 이르렀습니다. 문제는 최근 디지털 앱 기반으로 늘어난 포르노 사이트가 '문화 콘텐츠'라는 이름으로 합법화된다는 것입니다. 미국에서는 포르노그래피 제작자나 성판매자를 육아나 노인 간호처럼 '돌봄 서비스' 제공자로 분류한다고 해요.[7] 디지털 포르노그래피와 사이버섹스는 첨단 동영상 기술을 활용하여 남성의 즉각적인 성적 쾌감을 생산하는 '남근의 원격공학(teledilonics)'

7— Blaise Cronin and Elizabeth Davenport, "E—Rogenous Zones: Positioning Pornography in the Digital Economy," *The Information Society*(Vol. 17 No. 1, 2001), p. 34.

사업이라 불립니다.[8] 여성 소비자도 있지만, 남근 중심주의적 쾌락의 원리는 다르지 않습니다. 이런 산업·기술 환경에서 사람을 이어주거나 시청각물을 거래하는 '중개업자'나 '중개 앱'이 큰돈을 벌고 있습니다.

정작 진정한 의미의 돌봄노동이 처한 환경은 어떨까요? 많은 여성들이 육아도우미, 가정관리사, 혹은 요양보호사 등 돌봄노동자로 공적 영역에 나와 있습니다. 이 노동이 상당히 노동 집약적이고, 신체적인 헌신을 요하며, 노련한 섬세함이 필요함에도 불구하고 임금 단가는 싸고 노동 조건은 열악합니다. 숙련이 필요한 노동이지만, 경력이나 숙련도 개념이 없고 시간제 노동으로 하향 평준화됩니다. 친밀성과 배려가 필요한 노동인데, 원치 않은 방향으로 감정노동을 요구받아 감정 소진도 큽니다. 사회적 재생산을 위한 돌봄노동은 인간을 위한 필수적 노동이고 헌신, 배려, 친밀성이라는 가치를 지향하는 노동인데도, 사회적으로 가장 값싸고 인정받지 못하는 노동이 되어 있지요. 주로 여성들

8— Gareth Branwyn, "Compu—Sex: Erotica for Cybernauts," *The Cybercultures Reader*(Routledge, 2000), p. 401.

이 담당하기 때문에 전문적인 일자리로 보지 않는 것입니다. 2019년 가사 및 육아도우미의 99퍼센트는 여성이고,[9] 이들의 월평균 임금은 107만 원입니다.[10] 한편에서는 간병인을 쓰는 데 너무 큰 비용을 지불한 나머지 돈이 없어 정작 환자를 방치할 수밖에 없다는 불만이 나옵니다. 양쪽 다 돌봄노동의 사회화가 충분히 이뤄지지 않았고, 공공의료 지원체계가 약하다는 것을 방증하는 셈입니다.

국가는 젠더 이데올로기를 활용하여 여성의 헌신과 돌봄의 가치를 깎아내리고, 성적인 목적의 몸으로 환원되는 일이나, 사회적으로 가치가 있음에도 보상이 적은 노동 영역으로 몰아가고 있습니다. 다음의 몇 가지 양상을 목격해본 적 있으실 거예요. 첫째, 싼값에 여성들을 돌봄노동으로 끌어들이기 위해서 외국인 여성을 동원합니다. 한국에 들어오는 대다수의 이주 여성들은 권리가 보장되지 않는 저임금노동을 하고 있습니다. 특히 가사노동, 돌봄노동, 성산업의 공백을 메우는 일자리로 유입됩니다. 또한 저

9— 통계청, 「2019 지역별고용조사」.
10— 고용노동부, 「2019 고용형태별근로실태조사」.

출산과 돌봄 위기를 해결하고자 국가에서 장려한 국제결혼도 외국 여성을 대규모로 동원하는 방법입니다. 한국 사회에 만연한 오리엔탈리즘, 즉 아시아 여성은 가정적이고 희생적이며 재생산 영역의 노동을 잘한다는 신화를 재생산하여 한국 남성을 결혼 중개 시장으로 끌어들입니다. 우리가 모르는 사실은 결혼이민자로 한국에 오는 중국, 베트남, 몽골 등 사회주의국가 여성들의 성평등 의식이 높다는 점입니다.

두 번째로 국가 복지정책이라는 이름으로 돌봄 복지 분야의 저임금 여성 인력을 양산합니다. 돌봄노동은 모든 인간이 할 수 있지만, 경력단절 여성이나 전업주부가 하는 일자리로 '여성화'하여 임금을 낮게 책정합니다. 청장년 남성이 '훈련'을 거쳐 이런 일자리에 들어온다면 임금이나 노동 조건이 달라지겠지요.

세 번째는 국가가 여성을 자원봉사에 동원하는 것입니다. 2001년 비영리단체지원법 제정 이후 제3섹터의 비정부기구(NGO)가 증가했는데, 과거 이명박 정부가 NGO 설립을 쉽게 하면서 친목 단체나 스포츠 단체, 종교 단체 등 보수 성향의 단체들이 급증한 것이었습니다. 이들은 기금을 지원받으면서 여성을 자원봉사에 동원해 돌봄노동을 시키거나 종교 활동에 참여하게 했어요. 정부 권력의 감시 기능을 해야 할 단체가 관변 활동이나 포교에 노인과 여성을 싼값에 동원했습니다. 도덕적 시민(moral citizens)이라는 이름 아래 여성을 특정 정파나 종교 단체의 힘을 강화하는 수단으로 사용하는 것입니다. 또한 학교에서는 녹색어머니회나 교과활동도우미, 급식도우미 등의 수많은 자원봉사에 학부모, 특히 엄마들만 체계적으로 동원합니다. 자발적으로가 아니라 의무로 말이죠. 중산층 전업주부들이 자원봉사에 가장 많이 참여하고 있습니다. 주부들로 하여금 자발적인 헌신과 돌봄을 통해 사회적으로 기여하는 '착한 시민 되기'를 강조합니다. 그러나 그런 활동은 공익으로 연결되지 않고 지극히 사적인 이해를 위한 것으로, 또한 '엄마'의 의무, 즉 여성의 일로 간주됩니다. 그렇게 규정함으로써 실제로는 노동에 대한 대가를 지불하지 않고 일을 시키는 것이지요.

국가가 여성들의 헌신과 호의, 돌봄 능력을 정당한 대가 없이 너무 마구 이용하고 있습니다. 신자유주의 체제는 여성을 돌봄 영역으로 불러들여 '영리'를 취하지만,

돌봄의 가치는 저평가합니다. 앞으로 이주 여성뿐 아니라 한국 여성이 수행하는 돌봄노동의 가치를 정당하게 평가하고, 노동 조건을 제대로 갖추기 위한 노동운동을 벌이는 것이 중요한 과제로 부상할 것입니다.

대부분의 제조업 분야는 기계화, 디지털화, 인공지능 등으로 인해 노동력이 많이 필요하지 않은 방향으로 구조조정되었습니다. 그렇기 때문에 실업이 늘어날 수밖에 없고 일자리는 부족합니다. 그런데 재생산적 전환이 이루어지는 이 영역은 감정, 소통, 눈치와 일머리의 영역이고, 타자의 고통이나 이해, 욕구를 알아차리는 관계의 영역입니다. 아무리 원격 의료 체계가 도입되고 로봇이 개발되어도 돌봄노동은 관계적이고 성숙한 인간의 문화 능력이 발휘되어야만 가치를 창출하기 때문에 전면적으로 기계화되거나 인공지능으로 대체되기는 어렵습니다. 인간이 수행하는 행위에 의해서 만족감과 안전함이 생기는 영역이거든요. 따라서 그 노동 자체가 일반화되거나 규범화되거나 동질화될 수 없습니다. 항상 관계적이고 상황 의존적입니다. 이처럼 복합적인 감정과 상황을 이해해야 하고 숙련을 요하는 노동을 저평가

하다 보니 갈수록 돌봄노동을 다들 꺼려하는 결과가 빚어지고 있습니다.

자아 전시적 노동자

자본주의의 재생산적 전환 시기에 새로운 형태의 일자리가 엄청나게 생겨났습니다. 그 이후 한국뿐 아니라 전 세계적으로 디지털 자본주의가 확산되면서, 기술에 의해 일과 삶이 분리되지 않는 노동이 증가하고 있습니다. 인격과 노동, 노동 시간과 삶의 시간이 전혀 분리되지 않는 형태의 노동이 대거 등장했고, 이 영역에 다수의 여성들이 들어가 있습니다. 자기 집이나 사적인 공간에서 일하는 인터넷 BJ나 유튜버, 애인·친구·하객 대행자 등이 여기에 속합니다. '먹방', '매혹의 화장술', '옷 잘 입는 법' 등을 다루는 자기 생산적인 방송이 급속히 늘어났습니다. 많은 청장년층이 유튜브 스타가 되고 싶어 하고, 자기 집에서 노동의 공간을 만들어내고, 자기 삶을 상품으로 내놓습니다. 사적 영역에서 영위하는 일상생활이 노동화되는 겁니다. '구독'과 '좋아요'나 '별풍선' 같은 일종의 화폐를 받아서 생존을 영위하는 여성들의 수가 상당해요. 남성들도 많고요. 모두 찬사적 언어로 '크리에이터'라고 불리는 직종입니다.

하지만 여성들이 운영하는 상호작용형 인터넷 BJ 방송은 '성애적' 요소를 다량 함유하고 있습니다. 이런 의문이 들 수 있죠. '왜 그렇게 사생활을 전면적으로 보여주고, 익명의 사람들에게 자기를 다 노출할까?' 인터넷 BJ 같은 여성들의 관점은 다릅니다. 과거에는 한국 사회에서 맨날 모욕받고 치이다가 인터넷 방송이라는 미디어를 쥐게 되면 굉장한 권력을 손에 넣은 느낌을 받습니다. "오빠들, 여기 제일 먼저 손 든 사람한테 내가 모자 쓴 모습 보여줄게." 그러면 쫙 손 들죠. 자기의 지시와 명령을 받는 수많은 익명의 남성들이 있어요. 게다가 별풍선도 쏘고요. 여성들은 사회적 무력감과 개인화된 권력감 사이 어딘가에서 이런 일을 하고 있습니다. 여성들은 중개업체에 수수료를 내지만 자기 방송이 커지면 돈을 많이 벌 수 있다고 여기고 그것이 섹슈얼리티를 파는 게 아니라고 주장합니다. "제가 옷을 벗는 것도 아니고 직접 살이 닿는 것도 아닌데요." 자기 노력의 대가로 매일 새로운 연출을 통해 돈을 번다고 여기고, 노력의 대가를 금방 확인할 수 있다고 생각합니다.

이런 점에서 보여주고 말하고 퍼포먼스하면서 상호작용하는 데 있어 젠더와 섹슈얼리티가 어떻게 작용하는지 눈여겨볼 필요가 있습니다. 왜 그런 식의 퍼포먼스를 해야 할까요? 남자들의 퍼포먼스는 상당히 다르지요. 왜냐하면 남성은 감정적 피드백이나 지지, 후원을 받기 위해서 공개적으로 자기 자신을 '비위 맞추는 존재'처럼 노출하는 행위를 남성성의 상실이라고 생각합니다. 이들은 자신의 말솜씨, 허세, 과시, 카리스마, 능력 등으로 관객과 관중을 조종하고 영향력을 행사할 수 있다는 믿음으로 방송을 합니다. 누구의 기분을 맞추고, 요구에 응하는 일은 잘 하지 않아요. 여자들은 유튜브에 자신의 요가 장면만 올려놔도 연락하고 추근대고 협박해오는 낯선 남자를 경험하는 일이 비일비재하죠. 여전히 '보여주는' 행위는 권력 작용입니다. 남성은 뭔가를 보여줌으로써 인기와 돈을 얻지만 성적 위협이나 폭력은 당하지 않습니다.

또 하나 짚어볼 것은 최근 여성들이 많이 일하고 있는 심미노동(aesthetic labor) 분야입니다. 심미노동은 기업이 이윤 확대를 위해 노동자의 신체를 개발하고 동원하며 상업적으로 활용하는 것으로, 노동자가 자신의 신체와 인성을 변화시켜 기업이 제공하는 서비스에 걸맞은 미학적 이미지를 구성해가는 노동을 의미합니다. 패션 리테일 숍, 호텔, 바, 고급 사교클럽 등에서 고객 응대를 하는 사람의 경우, 옷, 외모, 표정, 목소리, 억양, 제스처 등을 스타일 있게 표현해서 '보기 좋고 듣기 좋게' 매너 있는 신체를 갖춤으로써 고객의 미학적 감각을 자극하여 이들의 소비를 끌어내는 일을 합니다.[11] 자라(Zara) 같은 패션 브랜드 매장에 가면 모델 같은 여성 고용인이 많잖아요. 값비싼 호텔 부티크는 세련되고 스타일리시하고 외모가 출중한 이들의 전시장 같지요. 단순한 감정노동이 아니라 신체와 인격, 스타일 자체를 하는 일에 걸맞게 변화시켜내는 형태의 노동입니다. 특히 고객들이 여성의 외모, 스타일, 환대가 기업이나 일터의

11— 심선희, 「여성노동의 새로운 분석도구로서 심미노동의 개념과 유용성 탐색」, 《한국여성학》 제33권 4호(2017), 119~146쪽.

WE'RE LOOKING FOR COOL, GOOD-LOOKING PEOPLE

Come and represent our brands. If you're interested in joining the Abercrombie & Fitch team, we have both full and part-time opportunities. Visit us at the below location.

매장 직원을 모델처럼 키 크고 잘생긴 외모의 백인 중심으로 고용했다가 인종차별, 성차별 등의 논란을 겪고 소송을 당했던 의류 브랜드의 구인 카피에는 "우리 브랜드를 대변"해줄 "쿨하고 잘생긴 사람을 찾고 있다."라고 적혀 있다.

서비스 수준과 이미지라고 믿기 때문에, 여성은 늘 전시되고, 보이는 퍼포먼스를 수행하여 수익을 창출해야 합니다. 여성들이 그런 기업이나 일터에서 일하기 위해서는 종종 자신의 임금을 뛰어넘을 만큼 지출해서라도 소위 꾸밈 상품의 소비자가 되어야 합니다.

친밀성을 강조하는 고객 중심의 노동을 하려면 세련됨과 친절함 등을 갖추기 위한 자기 계발이 필요합니다. 노동자가 되기 위해서 다양한 훈련을 받아야 해요. 자신을 심미적으로 가꾸어야 하니까 스타일도 바꿔야 하고, 살도

빼야 하고, 비포/애프터도 만들어야죠. 웃음치료 받으면서 스트레스도 줄여야 하고, 피트니스 산업에 들어가려면 고가의 퍼스널트레이닝도 받아야 하고요. 바리스타 훈련도 있고, 와인 감별사 훈련도 있어요. 이 스타일리시하고 심미적인 노동 영역에 진입하기 위해서 얼마나 많은 투자가 필요하고 큰 비용이 드는지 모릅니다. 즉 여성은 그런 노동 영역에 들어감으로써 또다시 적극적인 소비자, 관련 산업을 지탱하는 소비자가 되는 것입니다.

여성의 '일' 세계:
불안정한 대규모 프레카리아트

여성들의 '일' 세계는 대규모의 프레카리아트 (precariat), 즉 불안하고 불안정한 노동자들을 양산했습니다. 여성 비정규직 비율은 2001년 70.9퍼센트에서 2018년 50.7퍼센트로 감소하고 있지만, 여전히 비율이 매우 높습니다. 문제는 상대적으로 고학력인 20대 여성의 비정규직 비율이

35.4퍼센트로 높다는 것입니다.[12] 그런데 이렇게 불안정한 고용 상황에서도 여성들의 능력주의 원칙은 너무나도 강고합니다. 왜냐하면 2018년 여성의 대학 진학률이 73.8퍼센트로 남성의 65.9퍼센트보다 7.9퍼센트나 높았습니다.[13] 교육 성취에서는 여성이 남성을 앞지르고 있는 것이죠. 게다가 이들은 어릴 때부터 남자들과 마찬가지로 온라인 세계에서 학습하고 놀이한 디지털 세대입니다. 콘텐츠를 다루는 능력과 청소년기부터 누적된 문화적 감각이 매우 뛰어나다는 특징을 지니고 있죠. 그래서 디자인, 게임 산업, 문화예술 창작, 저널리즘을 비롯한 다양한 문화 콘텐츠 분야에서 기획자, PD, 작가 등으로 활발하게 일하고 있습니다. 문제는 기대 수준과 현실의 괴리가 크다는 것입니다.

　　게임 회사를 예로 들어봅시다. 기획 분야에서 여성을 많이 뽑는데, 여성들이 선호하는 분야이기도 합니다. 또 잘하죠. 기획, 즉 아이디어를 내고 새로운 프로젝트

12— 김유선, 「비정규직 규모와 실태 – 통계청, '경제활동인구조사 부가조사'(2018.8) 결과」, 《한국노동사회연구소 이슈페이퍼》 101호(2018).
13— 통계청, 「2019 통계로 보는 여성의 삶」(2019).

를 구상하고 계획하는 일입니다. 그런데 여러 문화 콘텐츠 산업에서는 아이디어와 참신성, 감각이 특출한 여성들을 '기획 분야 계약직 1년' 하는 식으로 뽑아 갑니다. 이 분야 여성들이 정규직으로 고용되는 경우가 드물거든요. 이를테면 게임 산업에 들어간 여성 노동자는 캐릭터부터 스토리텔링까지 다 기획합니다. 6개월 정도 밤새가며 일해서 뭔가 완성해내면, 다음 단계는 개발이겠죠. 한데 개발 단계에 들어서면 이 여성이 필요할까요? 기획 단계가 마무리되면 기업은 실질적으로 해고 수순에 들어갑니다. 그럼 개발은 누가 하나요? 주로 공대 출신의 정규직 개발자 남성에게 맡깁니다. 프로젝트성으로 고용된 이 여성은 결국 자신이 창출해낸 잉여에 대한 보상을 제대로 받지 못한 채 해고되는 것이지요. 따라서 여성들은 여러 사업장, 여러 분야를 계속 전전하게 됩니다. 다른 곳에서도 열정적으로 자기 능력을 다 바치곤 하지만, 또 보상받지 못한 채 다른 일터로 옮기길 반복합니다. 일의 공과(功課)로 생산된 대규모 잉여는 정규직 남성에게 돌아가는 반면, 여성의 아이디어나 참신한 문화적 기획력은 쉽게 사용되고 여성 노동자는 폐기 처분되는 시스템인 것이죠. 문제가 매우 심각합니다.

이렇다 보니 여성들의 횡단적 하향 이동 경향이 높습니다. 이 기업에서 1년, 저 기업에서 1년, 이렇게 일하다 보면 경력이라는 개념이 사라져버리지요. 시간이 지나고 경력이 쌓일수록 전문성을 인정받고 보상 체계 내에서 더 큰 보상과 의사 결정권을 가져야 되는데, 현실은 그렇지가 않습니다. 예전에는 여성들이 정규직으로 입사해서 어느 정도 일하다가 모성을 발휘하는 방향으로 갈아타며 경력에서 이탈했다면, 지금은 능력 있는 많은 여성들의 고용 형태 자체가 그들의 참신한 아이디어를 빼내고 폐기 처분하기 용이한 방식입니다. 스타트업들도 여성을 선호합니다. 다만 주로 '스타트' 하는 단계에서만 고용해요. 수많은 여성들이 지속성 없는 분야에서 일하면서도 책임감은 또 얼마나 큰가요!

한편으로 성과주의가 너무 강합니다. 여성들의 능력주의 신화가 견고해지면, 여성이라서 못 할 것이 뭐가 있느냐 하는 생각을 갖게 되죠. 나아가 자신이 성차별이나 성희롱 등을 당하지 않을 유일한 길은 일로 자신을 입증하는 것이라고 여기게 되어, 과로하고 자기 스스로 일에 종속된 삶을 기꺼이 수행하다가 탈진하는 여성들이 늘어납니다. 이 여성들이 기대는 건 '아무리 사회가 지저분하고 여성 차별을 해도 능력은 인정해줄 거야. 내가 능력을 발휘해서 회사에 공헌하면 인정받을 거야.'라는 믿음입니다. 남자들보다 능력주의 신화를 더 믿습니다. 남자들은 선배에게 잘 보이고 팀장에게 잘 보이면 연공서열로 올라갈 거라는 생각을 30, 40대까지는 할 수 있어요. 여성들은 20대 때부터 생존을 위해서 성적, 해외 봉사나 인턴 경력 등 가시적인 성취를 만드는 데 헌신합니다. 새벽 4시까지 기획안 쓰고 알아서 열심히 일하면서 능력이 있는 나를 해고하지 못할 것이라는 기대를 품는데, 사실 이는 능력을 얼마큼 발휘하는가와는 크게 상관없는 문제입니다. 나 말고도 똑똑하고 문화적 능력을 갖춘 수많은 여성들이 한국 사회에 이미 준비되어 있거든요. 회사 입장에서는 굳이 나일 필요가 없는 셈입니다. 이런 여건에서 횡단적 하향 이동을 자주 하다 보니 직장을 자주 옮깁니다. 그것도 능력을 발휘하느라 너무 지쳐 번아웃 증후군을 겪는 상태에서 자주 옮기게 되죠. 한편 쉬는 동안에는 여행 다녀오고 새로운 취미나 공부에 도전하고 더 넓은 세계를 경험하면서 한층 더 똑똑해져요. 문화적 감각이 더욱 샘솟고 아이디어가 막 떠오릅니다. 그런데 갈 만한 직장이 없으니 많은 수가 프리랜서가 됩니다.

　　　게다가 요즘에는 정규직에게만 사수를 붙여주잖아요. 정규직이 아니면 사수가 없고 일을 가르쳐주는 사람도 없기 때문에 알아서 기어라, 눈치껏 하라는 메시지에 따라 일하게 됩니다. 그러다 보니 지속적으로 만나는 동료나 선배는 없어지고요. 이런 일터 상황에서 여성들은 '쇼잉(showing)'을 하게 됩니다. 자기가 한 일을 주변 사람에게 알리고, 남성처럼 줄타기도 하면서 '나 여기 있다!'라는 것을 외치는 거죠. 또한 일을 해내기 위해서 명랑한 척, 활발한 척, 의욕적인 척, 친밀한 척하고, 팀원들의 식사 취향을 챙기는 등 사적인 관계에서만 기대되는 친밀성을 너무 익숙하게 수행합니다. 이는 젊은 여성들에게 기대하는 바를 따르는 것이기도 하고요. 숙련도와 창의력에 더해 활기와 애교로 분위기를 띄우는 역할 말입니다. 기업과 사회는 다들 하지 않는 감정노동의 결핍과 공동화를 20대 여성이 메워주길 기대합니다.

이처럼 낯선 환경에서 빠르게 동료들 안으로 들어가야 일을 할 수 있는 이 여성들은 가짜 친밀성(fake intimacy)을 매우 자주 연기합니다. 실제 마음과 달리 이런 대사를 하면서요. "어머, 오늘 우리 팀장님, 너무 멋있으세요." "오늘 날씨 화창한데, 우리 그럼 또 옥상에서 티파티?"(웃음) 그런데 여성들의 이런 퍼포먼스가 매우 잘못된 메시지로 읽힙니다. 여성이 처한 이 구조적인 조건을 모르는 사람들은 여성들이 왜 그런 방식의 친절과 세련됨을 수행하고, 빠른 시간 내에 친밀함을 보여주고, 옷을 예쁘게 입고, 초창기에 명랑하고 빠릿빠릿한 척하는지 그 이유를 이해하지 못합니다. 사실 이 여성들은 노동 시장의 구조와 열악한 노동 조건 때문에 가짜 친밀성, 연출된 친밀성으로 빨리 회사에 진입해서 일하기를 택하는 것인데 말입니다. 이는 단순히 수치적 평등에 도달해서 해결될 문제가 아닙니다. 그만큼 일터가 여성에게 '정의롭지' 못한 위치를 지속적을 강요하고 있다는 뜻이기 때문입니다.

감정 과잉 일터의 성폭력

일터의 20, 30대 여성을 괴롭히는 문제는 여전히 성폭력입니다. 직장 내 성폭력 열 건 중 여섯 건 이상이 권력관계를 이용한 상사나 고용주에 의한 가해라고 합니다.[14] 나이로 따져보면, 40~60대 기혼 남성이겠지요. 남성 가부장도 딜레마에 빠져 있습니다. 집안에서는 권위도 없고 말을 듣는 사람도 없죠. 딸은 자신을 챙겨주기는커녕 집에서 얼굴 보기도 힘들고, 부인도 사회적 활동을 하느라 바쁜 상황에서 남편들은 사적 영역에서의 자기 지위가 낮아졌다고 느끼지요. 가장 운운하며 독점적 권력을 행사했던 자신의 아버지와 자기 처지를 비교하니, 이것이 정상적인 가족 생활로 보이지 않고 상대적 박탈감에 시달립니다. 실질적으로 사적 가부장 역할을 더 이상 보장받지 못하는 많은 남성들은 마치 공적 영역이 자기 집인 양 큰소리치고 감정을

14— 김희선, 「직장 내 성폭력, 66%가 권력관계 이용한 가해직장 내 성폭력, 66%가 권력관계 이용한 가해」, 《연합뉴스》(2018년 3월 14일 자), www.yna.co.kr/view/AKR20180314177600005.

드러내기도 합니다. 남이 자신을 어떻게 바라보는지 눈치를 보지 않는다는 뜻이고요. 일터에서 예의가 사라지고 호통과 격분이 오가게 되는 원인입니다. '갑질'이 많이 일어날 수밖에 없는 이유에는 이런 배경도 있습니다. '너희가 다 나한테 얼마나 잘해야 하는데. 여기 들어오고 싶어 하는 사람들 줄 섰거든. 근데 도대체 왜 이걸 제대로 못해?'라는 심리죠. 다시 말해 공적 영역에 제어 장치가 하나도 없는 것입니다.

공적 영역에서 남성들은 직장 내에서 저평가된 노동을 하고 있는 여성들과 전업주부인 아내와 유사한 형태의 관계를 맺어서 식사를 제공받고 감정적으로나 신체적으로나 외로움에 대한 위로도 받습니다. 이들이 공적 영역에서 이런 식으로 얼마나 많은 여성들의 서비스를 당연하게 기대하고 실제 싼값에 받고 있는지 따져봐야 합니다. 이처럼 공적 영역은 젠더화된 노동의 과잉으로 구성되어 있고, 이때 여성적 자질, 여성의 돌봄 능력 등은 마치 천연자원인 양 남용되고 폐기 처분되며, 그 자리를 또 다른 일련의 여성들이 메우게 됩니다. 그러니 남성들의 관점에서 보면, 굳이 사적 영역에서 '책임'이 많은 가부장이 될 필요가 있을까요?

돈만 있으면 세탁과 청소부터 친절한 커뮤니케이션, 감정적 서비스, 성적 서비스, 돌봄노동이 전부 상품화되어 있는데요. 휴대폰을 고치러 가서도 "고객님, 많이 불편하셨지요?" 같은 위로의 말을 듣잖아요. 달리 말해서 서비스 노동자에게 가하는 감정적 폭력을 소비자의 권리라고 외치는 사회에서는 모든 서비스 영역 노동자의 감정이 구매 가능한 상품으로 이해됩니다.

이런 사회를 살아가는 남성들은 여성들의 미투(MeToo) 운동을 이해하지 못합니다. 여성들이 '왜 고분고분 가만히 있다가 뒤통수 치냐.'고 항변하죠. 여성들은 돈을 벌기 위해서 행하는 의식적인 연출과 실제 나의 자아 및 인격을 구분하려고 애씁니다. 이 행위는 내가 월급을 위해서, 특정한 조건하에서 수행하는 노동이라는 사실이 명료하지 않으면, 자기 인격을 잠시 내려놓고 퍼포먼스를 행할 수가 없거든요. 일터에서 요구받는 감정과 행동, 일터 밖의 자아를 구분하지 않으면 치사함을 이기고 살아남아 경제 활동을 지속하기가 힘듭니다. 그렇기 때문에 여성들에게는 그 구분이 점차 명료해집니다. 때로는 가짜 친밀성을, 때로는 능력자의 탈여성성을, 때로는 아이돌에 탐닉하면서 안전한 이성애를 추구하는 소비자를 맥락에 따라 다르게 표현합니다.

일터에서 일어나는 성폭력은 늘 '피해자가 원인을 제공했다.'라는 이야기로 끝납니다. 여성들이 나에게 섹시하게 보이려고 애써서, 나를 다정다감하게 유혹해서 만지고 성관계를 시도했을 뿐인데, 그걸 왜 '폭력'을 당했다며 사후에 고발하느냐고 되묻습니다. 매번 반복되는 이 문제를 이해하려면 먼저 '화간 판타지'라고 불리는 성폭력 가해자들의 환상을 살펴봐야 합니다.

집에서는 거의 무성애자인 남자들이 참 많아요, 다 아시겠지만.(웃음) "어이구 우리 딸! 치마가 왜 이리 짧아? 우리 딸 반바지가 너무 올라가는데?" 게다가 딸한테 미움받을까 봐, 딸이 아닌 부인한테 "애 옷이 너무 짧잖아!"라고 잔소리를 해서 부인이 딸을 통제하게 만듭니다. 자신은 도덕적으로 엄격하고 비성애적이고 여성의 섹슈얼리티에 대해 완고하게 보수적인 입장을 갖고 있다고 부인들마저 속여 넘겨요. 성폭력 사건이 일어나면 많은 경우 부인들이 "우리 남편은 그럴 사람이 아니에요."라고 말합니다. 물론 아이에게 낙인을 물려줘서는 안 된다는 모성 본능에서 남편의 잘못을 덮으려는 의도가 있기도 합니다. 하지만 전업주부든 아니든 사회적으로 인정받는 잘나가는 기혼 남성을 파트너로 둔 한국의 여성들은 자기 남편이 감정적으로 매우 무디거나 서툴러서 성적인 플레이를 하거나 쾌락을 즐기거나 게임을 할 줄 모르는 사람, 농담도 못하는 사람이라고 착각하기도 합니다. 공적 영역에 나와 있는 남성들이 어떻게 '사회화'되어왔는가를 잘 모르는 것이지요.

한국 사회에서의 남성성은 집과 같은 사적 영역에서 발휘되는 것이 아닙니다. 남성성의 발휘는 공적 영역에서 남성들과 함께 있을 때, 남성 동성사회의 권력 전시장 안에서 일어나는 행위입니다. 다른 남성과의 관계에서 나의 힘을 과시하고, 남성 동성사회에 속해 있다는 느낌을 갖고, 남성들에게 인정받아 지위를 획득하려는 것이기 때문이죠. 따라서 남성들의 파워 게임이나 사나이 게임에서는 남이 보는 앞에서 대범하게 여성을 희롱하고 추행하는 전시적 성폭력이 매우 흔하게 벌어집니다. 자신이 남성 사회에서 어느 정도의 권력을 가지고 있는가를 여성의 신체에 대한 접근도로 과시하는 것입니다.

　　　한편으로 욕설이나 협박. 물리력을 동원해서 성 접촉이나 성관계를 했다는 것이 남성들에게는 수치스러운 일이기도 합니다. '얼마나 남성적 매력이 없었으면?' 하는 의심을 받는 것을 두려워하지요. 그래서 강제력, 위력이 동원된 일을 '불륜'이나 '사랑'으로 그려냅니다. 실제로 큰 권력을 지닌 남성일수록 때리지 않고, 협박하지 않고, 신체적 손상을 가하지 않습니다. 대신 이런 식이죠. "내가 안고 있는 이 중책이 때론 너무 버거워." "내 결정에 우리 직원 150명의 운명이 달려 있어." 아주 은밀하고 사적인 형태로 말해요. "너무 외롭다. 네 앞에서는 그냥 평범한 남자이고 싶다." 화간 판타지는 가해자가 피해자를 자신의 감정에 동조하게 만들어 피해자가 적극적 저항을 하지 못하게 하는 심리적 전술로, 서로 감정이 통해 성관계를 했다고 믿게 하는 것입니다. 이런 판타지를 통해 가해자는 자기 자신에게 면죄부를 줍니다. 기성세대 남성은 성폭력이라는 용어 대신 '화간'이라는 말을 사용함으로써 "우리 그날 마음이 통했잖아.", "너도 원했잖아."라며 피해자를 연루시킵니다. 마치 둘 사이에 권력관계가 없는 듯, 위력이 작동하지 않았다는 듯이 말이지요. 그런 상황에서 남성이 제공하는 좋은 호텔에서의 식사와 술 같은 물질적인 회로망에 들어갔다는 사실만으로도, 남성은 여성이 완벽하게 동의했다고 믿습니다. 호텔 레스토랑에서 딱 한 번 와인에 스테이크만 같이 먹어도 "너 동의했잖아."라는 논리를 구사하는 것입니다.

　　　일터의 남성들은 여성의 문화적 능력이나 친밀성이 얼마나 고맙고 희귀한 자원인지, 동시에 얼마나 많은 이익을 창출해내는 능력인지 인지하지 못합니다. 그렇게 많은 여성이 일터에 참여하고 있음에도 이들을 동료나 협업자로 보지 못합니다. 그저 '여자들'이라고 생각하죠. 하나는 부인 역할을 하면서 자신을 돌봐주고 고민 있을 때 상담해주는 여성. 좀 더 어린 여성은 일에 기획력을 제공해주는 역할. 그리고 더 어린 여성은 애교를 떨어주는 역할. 이렇게 여성들을 자기중심적으로 배열하면서 '성공했다'고 느끼지요. 나아가 이들은 성적 폭력이 처벌받아야 할 범죄라는 생각보다는 외로움을 풀어내는 방법이라고 생각합니다. 그런즉 남자들이 밖에서 외롭다고 말하는 건 대개 수법입니다.

다른 한편 많은 동시대 남자들은 내가 잘난 여자들 때문에 인생의 보상을 못 받는다고 여깁니다. 지금의 '여혐'을 주도하는 남자들이죠. 한 30대 남성과 미투 운동에 대해 이야기 나눈 적이 있습니다. 괜찮은 대학 나와서 기업의 정규직으로 일하고 있는 남성인데, 자기는 한 달에 세 번 성구매를 한대요. 싼 걸로. 왜 성구매를 하냐고 물었더니, 지금 한국 여성들이 "너무 잘난 척을 하고 비싸서" 데이트를 하거나 연애를 하려면 저축도 못 한대요. "그럼 계속 성구매를 하시면서 사실 거예요?"라고 물었더니, 지위가 높아지고 저금이 생기면 데이트를 할 거라고 답했습니다. 이때 데이트를 하는 상대는 다른 여성이죠. 성적 쾌락을 위해 소비되는 여성과 자기 배우자가 될 여성이 다른 겁니다. 미투 운동에 대해 어떻게 보시느냐 물었더니 솔직한 답을 했습니다. 굉장한 권력을 가진 기혼 남성들이 이 여성들을 휘둘렀다는 것을 알게 되고 배신감을 느꼈대요. 그래서 권력자 남성한테 배신감을 느꼈다는 줄 알고, "그래요, 사실 세대 간에 남성성의 균열이 있을 거예요."라고 했는데 그게 아니었습니다. 자기는 가진 게 없어서 군대에서 일터까지 계속 남성 상관

제왕적 권위를 지닌 가해자 남성뿐 아니라 성폭력을 용인하는 문화와
남성연대에 전면적으로 문제 제기한 '미투 운동'. 2018년 '#미투 운동과
함께하는 시민행동'이 주최한 '성차별·성폭력 끝장집회' 모습.

에게 모욕을 당해왔는데, 그래도 여성들은 거래할 게 있다
는 것입니다. 여성의 섹슈얼리티, 여성의 몸, 여성의 소통 능
력 등 거래할 것을 가지고 있다는 뜻이죠. 그렇기 때문에 미
투는 거래에 실패한 여성만 하는 거라는 의견을 피력했습니
다. 그런 식으로 생각하면서 잘난 여자들에게, 또 자기가 상
대적으로 충분한 보상을 받지 못했다는 생각에 분노를 느
끼는 남자들이 있더라고요.

일터에서 이 남성들은 성숙하고 협력적인 방식으로 소통하지 못합니다. 최근 미투 이후 곧잘 접할 수 있는 남성들의 반응은 여성 동료가 물어봐도 계속 대답을 안 하는 겁니다. 나름대로 생각해낸 '펜스 룰(여성과의 일대일 만남 일체를 차단해 성폭력 발생 가능성을 없애겠다는 행동 지침으로 직장에서 여성을 배제하는 논리로 사용된다.)'이죠. "이 일 어서 처리해주세요." "……." "오늘 점심은 어떻게 하실 거예요?" "……." 이렇게 무응답, 무대응으로 가고 있다고 합니다. 그러다 보니 여성들이 남성들과 동료로 같이 일하려면 끊임없이 먼저 말 걸고 전폭적인 친밀감을 보여주고 돌봐주고 기분 풀어주고 얼러주어야 하는 상황이고, 여성들 입에서 '더럽고 치사해서 일 못하겠다.'는 소리가 나오는 거죠.

반면에 스타일리시한 감각이나 세련됨을 요하는 분야에서는 여성들의 소통 능력, 스타일, 감각을 자기 일에 중요한 소질이자 계발해야 할 자질로 인정하고 여성들을 따라다니면서 심미적 지식을 쌓는 남성도 상당수 있습니다. 이런 남성들은 동시에 자기가 남성 동성사회에서 일탈될 수 있다는 불안이 너무 커요. 그래서 여성들에게 감정적 위로를 받아야 또 하루를 잘 넘기고……(일동 웃음) 말이 잘 통해서 친구인 줄 알았는데 알고 보니 응석받이였던 겁니다.

　　　　한번 생각해보세요. 한국 여성들이 이제까지 이뤄온 지적 성취와 사회적 성취에 견주면 현재의 대접이 가당키나 한가요? 다양한 사회운동 현장에 가보면 예전에 비해 남자들이 없어요. 여자들은 사회운동에 참여하며 가치 전향을 일궈내고, 미시적 관계망을 엮어내는 다양한 커뮤니티 활동을 통해 엄청난 변화를 이뤄내고 있습니다. 그런데 지금 여성에게 주어진 일자리는 살펴봤듯이 형편없습니다. 또한 자본주의의 재생산적 전환 이후에 산다는 것 자체가 너무 고비용 구조가 되었습니다. 돈 없이 무얼 하겠어요? 심지어 아이돌을 좋아하는 일도 돈을 들이지 않고 혼자서 할 수 없잖아요. 사인회에 가려면 앨범 사야 하지, 생일이면 '조공'해야지, 아이돌이 광고하는 상품도 브로마이드 하나 얻으려고 몇 개씩 사야지요. 이런 고비용 라이프스타일은 내가 어떤 사람인지 보여주고 싶은 인간적 열망, 노동 영역이 아닌 다른 영역에서 자신을 입증하고 싶은 욕망이 모두 돈을 통해서만 실현 가능하다는 데서 비롯됩니다. 게다가 한국 사회는 보편 복지 모델이 관철된 사회도 아니라서 특별한 대상에게만 복지를 제공합니다. 예전에는 가족이 전통적인 복지 제공자 역할을 했지만, 가족의 기능이 매우 불안해진 오늘날에는 계급에 따라서 제공 가능한 자원을 소유한 가족과 오히려 짐만 되는 가족이 명확히 나뉘고 있습니다. 가족이 더 이상 가족 구성원의 경제적 결핍을 해결해주지 못하게 되면서 점점 더 모든 게 개인적 해결에 맡겨지는 것입니다. 이런 상황에서 우리는 어떻게 살아가야 할까요? 노동 영역을 어떤 방식으로 인간화할 수 있을까요?

불안의 과잉화, 일상화, 여성화

신자유주의적 경제 질서는 노동의 성격 변화에 큰 영향을 미쳤을 뿐 아니라 정서도 바꿔놓았습니다. 요즘 다들 불안하고 우울하다는 말을 입에 달고 살죠. 일자리 경쟁에서 살아남기 위해 시간 압박에 시달리며, 미래의 음영 없는 삶을 위해 현재를 견디며 살아내야 한다는 것이 우리를 불안하게 만듭니다. 자기 계발을 언제까지, 얼마만큼 해야 괜찮은 일을 할 자격을 갖게 될까요? 또는 나는 적당히 일하며 사는 게 괜찮은데, 그런 나를 측은하고 한심하게 바라보는 부모와 주변 사람들의 시선이 견디기 힘듭니다.

한편 다들 그렇게 어렵다고 하는데 하루아침에 떼돈 벌었다는 사람은 어찌 그리 많습니까. "방 보증금 500만 원으로 주식해서 50억 벌어", "먹방으로 한 달 2억" 같은 소리는 왜 이렇게 쏙쏙 잘 들어오는지요? 인스타그램에서 보는 사람들은 어떻게 이렇게 멋지게 살고 있는지요? 한 달 죽어라 일하고 받은 200만 원이 너무 하찮게 보입니다. 나도 다른 사람 눈에 '루저', '찌질이'로 보이지 않을까 걱정입니다. 자신에 대한 모든 평가는 물질과 신체를 과시하면서 승자라고 떠벌리는 사람들 눈에 비친 모습, 그들이 만들어놓은 척도에 맞춰집니다. 내 삶의 의미는 신자유주의 소비문화가 떠받드는 과시적 허상에 의해 '찬탈'당하고 나는 공허한 자아가 되는 것이지요. 그렇다고 과시적 승자의 경로를 따라가기에는 윤리, 가치, 성격 등 포기해야 할 것이 너무 많습니다. 그러므로 우리는 '잘 산다는 것'의 의미를 다양화하여, 자기 삶에 의미와 위엄을 갖추려 노력하는 수밖에 없습니다.

심리학자이자 정신분석가인 카를로 스트렝거(Carlo Strenger)는 '하면 된다'는 신화가 지배하는 자기 계발의 시대가 자신이 '하찮은 사람임을 확인하게 되는 공포'를 야기하면서 많은 사람을 불안하고 우울하게 한다고 지적합니다.[15] 제한된 자리를 놓고 경쟁하는 시스템은 학벌, 자격 등에 따른 등수 매기기만을 '공정'이라 생각합니다. 많은 사람들이 도태될지도 모른다는 공포에 시달리게 되죠. 또한 책임을 회피하고, 개입하지 않으려는 문화를 만들어냅니다. 뭐 하나만 잘못해도 이제껏 노력해온 보람도 없이 모든 것을 잃고 '추락'할 수 있다는 사회적 불안감이 높습니다. 아이러니하게도 자신은 표적이 되지 않으려 전전긍긍하지만, 남을 표적으로 삼는 시기나 질투의 감정은 증가합니다.

이런 감정의 변화는 신자유주의 경제 질서가 구성해온 갈등과 경쟁이 내면화된 인격이 만연하기 때문입

15— 카를로 스트렝거, 최진우 옮김, 『멘탈붕괴』(하늘눈, 2012).

니다. 과도한 불안이 일상화되었고, 이는 단지 청년기에만 해당하는 것이 아닙니다. 불안은 생애 과정 전반으로 확산됩니다. 제 주변의 20대는 자신이 누구인지, 무엇을 잘하는지, 무엇을 하고 싶은지 모르겠다고 합니다. 30대는 지금 이 방향이 맞는지, 어디로 가야 할지 모르겠고, 40대는 인생의 의미가 무엇인지 모르겠다고 하지요. 50대는 너도 나도 아프기 시작해서, 60대는 외로움을 이해받지 못해서 불안해합니다. 70, 80대나 돼서야 욕망을 조절하고 상황 판단을 하게 되지만, 그때는 할 수 있는 일이 줄어들고 누군가에게 의존해야 할 가능성이 높겠죠. 한마디로 우리는 불안이 일상화된 사회, 불안을 경쟁하는 사회에서 살고 있습니다.

더군다나 여성의 불안은 일터의 경험에 의해 증폭됩니다. 여성들은 과거처럼 무임으로 일하는 대신 임금을 받고 일합니다. 그런데 왜 행복하지 않을까요? 경제력을 가졌다는 것은 남성 권력이나 파트너의 영향 앞에서 조금 더 독립적일 수 있다는 뜻이어야 하는데, 사실 그렇지가 않은 탓이겠지요. 일단 한국 사회는 여전히 다른 OECD 국가들보다 전업주부의 비율이 높습니다. 물론 전업주부라 해도 경제력이 없는 것은 아닙니다. 부동산 매매나 주식 투자, 아르바이트 노동 등을 하기 때문에 돈을 아예 벌지 않는 여성은 드뭅니다. 여성들은 여성의 경제력이 여성의 자율권을 확장한다는 믿음으로 임금노동을 해왔는데, 그 결과는 여성들이 문화적으로 열망하고 상상했던 일자리와는 완벽하게 반대되는 일자리만 주어지고 있는 현실입니다. 여성들이 꿈꿨던 것은 명확한 규칙에 따른 승진, 사회적 인정과 임금이라는 보상이 함께 따라오고, 자존감을 높일 수 있는 노동이었습니다. 하지만 자본주의의 재생산적 전환 이후 여성에게 확장된 일자리는 저임금인 데다 친밀성을 요구하면서 '너는 여성일 뿐'이라는 것을 각인시키는 '여성화'된 일자리입니다.

문화 산업, 정보통신기술(ICT) 산업, 디자인 산업 등 상대적으로 젊고, 팀 체제로 운영하는 일터는 '평등'을 내세우면서도, 불쑥불쑥 여성 노동자에게 여성다움과 활력을 요구합니다. 분명히 공적 영역에 나와 있는 여성을 마치 집안의 여동생이나 하인이 된 듯한 기분이 들게 하지요. '당 떨어지는' 경직된 일터의 긴장을 풀어주는 완화제 역할을 요구한다고 할까요? 여성성은 그 자체로는 아무 문제가 없지만, 여성 개개인에게는 처리해야 할 '골칫거리'처럼 느껴집니다. 얼마나 여자처럼 보여야 하고, 어떤 순간에 여성적 모습을 드러내야 하고, 어떻게 여성성을 떼어내야 모욕과 비난을 덜 받을 수 있을까를 고민해야 하잖아요. 그러다 보니 자신다움을 느낄 수가 없습니다. 여성화된 자질들, 또는 여성들이 문화적으로 획득해온 소통 능력이나 감정을 헤아리는 능력이 자본주의의 상품이 되면서 사회는 너무나 감정과잉화 되었습니다. 즉 여성들은 감정이나 돌봄노동이 상품화되고, 윗사람들의 감정 통치가 과다해지는 직장에 나와 있습니다. 그런 직장에서 늘 감정을 관리하고 통제하는 일이 여성들의 감정을 늘 불안정하게 합니다.

여성의 선택지 혹은 선택지의 부재

도대체 한국 여성들은 무슨 낙으로 일을 할까요? 이들이 유일하게 자기를 입증하는 방법은 남성의 1.5배의 과노동을 하면서 현 상황을 버텨나가는 것입니다. 일터에 나와 있는 여성들은 끊임없이 감정을 경매당하고, 감정을 특정한 형태로만 표현하고, 가짜 친밀성을 연출하면서 하루하루를 버틸 뿐만 아니라, 계속해서 단기적으로만 고용되며 살아갑니다. 이를 해결하는 방법은 다시 능력주의로 귀결됩니다. 기업에서 일하다가 갑자기 행정고시 등 공무원 시험을 준비하는 여성들이 많죠. 그것만이 성평등이 조금이라도 보장될 수 있는 일터에 가는 방법이기 때문입니다. 그렇게 늦깎이 고시생들이 증가했지만, 그것은 아주 소수의 여성만이 성공 가능한 길입니다.

또 하나의 방법은 이 '더러운' 일터에서 경험한 성차별주의와 모욕을 해결하고자 유일한 '평등의 공동체'로 나아가는 것. 바로 누군가를 좋아한다는 이유로 단합하고 묻지도 따지지도 않고 감정을 표현하는 것이 가능한 '팬덤'의 일원이 되는 일입니다. 같은 아이돌을 좋아하는 다른 여성과는 평등하잖아요? 어떤 사람에게도 점유되지 않는 '우리의 아이돌'을 전제하고 공유하는 팬덤을 통해 안전한 친밀성이라는 쾌락을 향유합니다. 내가 그 사람을 좋아한다고 해서 그 사람의 비위를 맞추지 않아도 됩니다. 그 사람을 위해서 감정노동이나 모욕적인 행태를 겪을 필요도 없으니 안전하지요. 누군가와 이성애적 친밀성을 교환하고, 쾌락과 기쁨과 삶의 의미를 얻고 고양되는데, 의무라고는 '굿즈' 사주고 '좋아요' 눌러주는 것뿐이거든요. 다만 경제적 부담이 상당합니다. 팬덤의 영역에서 모욕적이지 않은 이성애 관계, 안전한 쾌락과 친밀성을 향유할 수 있지만, 이 역시도 여성들의 경제적 부담을 크게 증폭하는 고비용 라이프스타일에 해당합니다. 이 영역도 기본적으로 오래 머무르면 빈곤해지는 소비의 영역이기에 돈 안 쓰면서 좋아하는 방법을 개발해야 할 필요가 있습니다. 이와 관련된 이야기는 다음에 기회가 될 때 더 해보겠습니다.

구조적인 요인이 지난하고 쉽게 바뀌지 않는다면, 나만이라도 새로운 방식의 자존감을 쌓고 내가 능력자임을 보여주면서 삶의 자율성을 갖겠다는 움직임이 생겼습니다. 우리는 소비를 하면서 이렇게 느끼고 말하며 자신의 개별성을 확인하기도 합니다. '나는 나야.' '내가 원하는 건 이 스타일이야.' '이렇게 입으면 기분이 좋아.' 소비의 이런 속성이 '라이프스타일 페미니즘(lifestyle feminism)'과 연결됩니다. 최근 한국에서도 지지를 얻고 있는 라이프스타일 페미니즘은 소비나 문화를 통해서 여성들이 자신의 감각, 쾌락, 원하는 삶의 형태를 확인하고, 자신이 택한 패션, 음악, 음식 등의 취향과 라이프스타일이 곧 여성의 지위와 권력을 향상하는 방법이라고 믿고 실험하는 페미니즘입니다. 한국뿐 아니라 전 세계적으로 소비자본주의가 확장하면서 생겨난 조류이지요.

만약 정치적 페미니즘이나 마르크스주의 페미니즘만이 페미니즘 세계의 언어를 지배하고 있었다면, 페미니스트가 거의 늘지 않았을 겁니다. 이제는 전사처럼 각 잡고 "여기에는 구조적인 문제가 있습니다."라고 말하면 너무 '후진' 거예요.(웃음) 라이프스타일 페미니즘 같은 소비와 페미니즘적 언어의 결합은 페미니즘 대중화에 크게 기여합니다. 팬덤과 마찬가지로 여성들이 현재 고질적인 성차별로부터 받는 자기 모욕의 내면화에서 벗어나기 위해 취할 수 있는 여러 선택지 중 하나죠. 하지만 이것은 제가 강조하고자 하는 '통합적 라이프스타일로서의 페미니즘 인식론'과는 다릅니다. 통합적 라이프스타일이란 '소비'에 주목하는 것이 아니라 삶의 태도, 가치, 지향점을 일관되게 지켜나가는 것을 의미합니다. 그러기 위해서 구조를 파악하고, 공동체적 연대를 이뤄서 여성의 문제를 해결하는 방법을 지향합니다.

자, 그럼 우리는 어떤 다른 선택지를 가질 수 있을까요? 제가 인터뷰한 많은 여성들은 일이 힘드냐고 물으면 일은 재미있다고 말합니다. 힘든 부분은 일이 아니라 인간관계라고요. 인간관계라고 표현하지만, 여성에게 요구되는 특정한 기대를 감당하기 힘들다는 말이기도 합니다. 한 30대 후반 여성은 일터에서 남성들이 집적거리는 게 싫으니까 회사 가면 눈에 막 힘을 준다고 합니다. '누가 나 건드리기만 해봐라.'라는 신호를 보내면서요. 그래서 일 끝나고 집에 오면 마사지를 받아야 할 정도로 너무 아프대요. 여성들에게 남은 건 이런 자기방어밖에 없는 현실입니다. '분별없는 너희들의 장난에 남용되지 않겠어. 난 건드릴 수 없는 존재야.' 이러면서 아이라인 까맣게 그리고.(웃음) "어떻게 그렇게 힘들게 일을 해요? 동료나 상사와 대화를 나누고 의사소통을 해야 일이 잘 풀리지 않아요?"라고 물었더니, 그랬다가 자기감정이 오용되고 남용되는 상황을 너무 많이 겪었답니다. 그래서 누구도 나에게 접근 가능하지 않다는 것을 보여주려고 일터에서 웃지도 않고 말하지도 않고 죽어라 일만 한대요. "그럼 그 속에서 어떻게 살아갑니까?" 물었더니, "그래도 제가 기획서나 제안서는 잘 쓰니까 그런 걸로 제 능력을 발휘하죠."라고 답하더라고요. 여성들은 성차별에 대항하는 유일한 무기를 능력주의라고 보고 있습니다. '똑같이 대우하라, 똑같이 받겠다.' 이런 '똑같이'라는 개념 그리고 능력주의에 대한 굉장한 신뢰가 여성들의 유일한 방어막이고, 이 험난한 일터의 환경과 싸워낼 수 있는 유일한 신념이 되어가고 있습니다.

그런데 이런 경험을 하는 여성들이 대다수이고 일을 쉽게 그만두지 않을 것이며 능력도 있다면, 우리는 이제 게임의 룰을 바꾸는 데 힘을 쏟아야 하지 않을까요? 구조화된 여성 불평등은 이미 여러분이 다 아는 사실일 것입니다. 여성으로서 우리 삶이 아름답다고 느껴지는 한순간을 만들어보는 것. 즉 삶의 미학화, 일상의 미학화를 실현하기 위해서 우리가 조금만 더 흔들려보고 조금만 더 다른 방식으로 이동해보려는 시도가 필요합니다. 일과 노동, 우정과 연대, 취향과 살림살이와 경제력을 어떻게 새로운 방식으로 잘 결합해서 자존감 있는 노동자가 되고, 활력 있는 일상을 꾸려갈 것인가를 논의해보자는 이야기입니다. 여성들의 일 경험이 이미 바닥을 쳤다고 생각하는 분들은 바로 거기서 뛰어오를 수 있어요. 바닥에서 뛰어오르는 활력과 힘을 믿어보면서 일터와 삶터를 재배열하고 변화시켜보자고 제안합니다.

제가 첫 강의에서 재배열은커녕 여러분을 너무 고통에 빠지게 하지 않았나 걱정스럽기도 합니다. 하지만 우리가 이런 현실을 조금 더 공유하면서 가장 바닥으로부터 우리의 존재성을 설명하고 회복해낼 수 있는 삶의 선택지를 상상해가면 좋겠습니다. 진정한 의미의 '살아 있는' 페미니즘으로 이동해가기를 바라면서 오늘 강의는 여기서 마치겠습니다.

질의응답

Q. 요즘 확산되는 수평적 직장 문화, 직급이나
연공서열제가 없는 조직 안에서 나의 노동 경험이
가시적인 보상으로 확인되지 않는 것 같아 고민입니다.
특히 여성의 성과와 경력을 제대로 인정받기 어려운
현실에서요.

A. 수평적 문화를 실질적으로 구성해가고 문화 다양성에
대한 존중을 내세우는 기업이 늘어나고 있는 추세입니다. 수평적 조
직 문화는 전통적인 젠더나 민족성, 나이 같은 범주를 파괴하고 더 자
유롭고 민주적인 의사소통을 한다고 주장하지만, 그 수평의 범주에
조직 체제 내에서 정말 위계가 높은 사람은 포함되지 않습니다. 남성
의사 결정자 같은 조직의 상위 그룹에게는 적용되지 않아요. 쉽게 순
환시킬 수 있는, 폐기 처분 가능한 노동 인력에게만 수평 문화를 강조
합니다. 이런 팀워크 체제는 실상 신자유주의 문화를 상당 부분 도입
한 결과입니다. 앞서 말씀드렸던 프로젝트 기반의 문화와도 연결됨

니다. 이러한 수평 문화가 노동자들의 임금을 평준화하고 '커리어' 개념을 해체하면서 연공서열제가 보장해주던 보상이나 지위, 안정성마저 기대할 수 없게 만들기도 합니다. 최악의 경우, 노동 유연화를 위해 수평 혹은 평등이라는 가치를 오남용하는 신자유주의의 노동 전략이 되는 겁니다.

수평적 문화가 민주적인 의사소통을 보장하는 것도 아닙니다. 실제로 프로젝트 기반의 일을 진행하는 데 참여자들의 의견을 충분히 묻고 토론할 시간이 주어지지 않거든요. 그러다 보면 대개 이런 일이 벌어집니다. 브레인스토밍 한다고 여러 의견을 모으죠. 그러고 나서 결정은 소수의 윗사람이 내리고, 그런 다음에는 결정을 바꿀 수도 없어요. 수평 문화라는 가치를, 이 이데올로기를 누가 어떻게 남용하고 오용하는지를 봐야 합니다.

게다가 여성들은 그런 의사 결정을 내리는 고위직으로 가지도 못하는 상황이잖아요. 여성 개인의 경험이나 노동을 제대로 존중받지도 못할뿐더러 경제적, 시간적으로도 보상받지 못합니다. 여성들이 대개 능력주의 원칙이 작동하는 지점까지는 가지만, 그 이상으로 올라가지 못합니다. 물론 지위나 능력 있는 여성은 '몸값'이 커졌다고 뽑지 않기도 하죠. 요즘은 유리 천장이 아니라 철 천장(iron ceiling)이라는 말을 합니다. 젠더적으로 뛰어넘을 수 없는 철 천장에 항의하다가 깨지지 않는 철에 부딪혀 부상당하고 정신적 타격만 입고 나오는 여성들이 많아요. 평등이라는 이름, 민주적 구조라는 이름 뒤에 숨겨진 위계 구조가 너무나 명료합니다. 조직 내의 계급은 해고되어도 좋을 존재와 해고되지 않고 커다란 보상을 받을 수 있는 존재, 계속 상향 이동이 가능한 존재와 수평적으로만 왔다 갔다 하는 존재로 이분화되어 있고, 현재의 수평 문화 안에서도 이 이분화는 잘 흔들리지 않습니다.

　　　　문제는 조직의 아랫부분에서 실현되는 '수평성'과 '다양성'이 구성원들의 업무 성격이나 정서를 구성하는 중요한 의사 결정에 어떻게 반영되고, 그 방식을 어떻게 변화시키는가 하는 것이겠지요. 다시 말해 어떻게 표면적 평등이나 다양성이 다양한 가치와 선택을 실제로 만들어내는지, 즉 '다양성을 다양화하기(diversifying diversity)'가 이루어지는지를 살펴야 합니다.

Q. 최근 몇 년간 경험한 페미니즘 대중화의 한 흐름이 생물학적 여성, 생물학적 성차를 강조해왔지만, 한편으로는 정체성을 설명하는 용어가 굉장히 많아지고 있습니다. 그 이유가 무엇인지, 또 다양한 용어가 생겨나는 것이 왜 중요한지 궁금합니다.

A. 젠더퀴어, 데미젠더, 세테로젠더…… 저도 그 많은 분류 체제를 따라가지도 못하고, 탐문하지도 않습니다. 이런 분류 용어들이 등장하는 배경에는 그만큼 본질적이고 이분법적인 구획이나 범주가 '나' 또는 나의 지향을 설명하지 못한다는 인식이 있겠지요.

누군가를 '여자'라고 뭉뚱그려 호명할 때, 그 사람이 생물학적 여성일 뿐만 아니라 그렇기 때문에 성적 지향도 이성애일 것이라고 전제해왔습니다. 그런데 주디스 버틀러(Judith Butler) 이후 젠더, 섹스(sex), 섹슈얼리티가 인위적인 사회구성물이라는 논의가 나옵니다. 생물학적, 신체적 성의 개념인 섹스 그리고 사회적, 문화적으로 스스로 인지하는 나의 젠더와 성적 지향(sexual orientation)이 그렇게 매끈하게 이어지지 않는 사람들도 많잖아요. 그렇기 때문에 섹스, 젠더, 성적 지향을 나눠서 자신의 복잡한 정체성이나 기호를 설명하고 싶은 욕구와 필요가 생겼습니다. 따라서 나의 섹스, 젠더, 성적 지향 사이의 이질적 결합성을 정교하게 표현하는 작업이 근년간 페미니스트들, 성소수자들 사이에서 활발히 이루어졌습니다. 이런 세분화된 명명 체제의 등장은 섹슈얼리티가 자신을 설명하는 중요한 조건으로 등장하고 있다는 것뿐만 아니라, 다수이기 대문에 쉽게 권력을 점유해왔던 이성애자 남성 혹은 여성 또한 젠더-섹슈얼리티 체계 내에서 하나의 위치나 지위에 불과하다는 것을 깨닫게 할 수 있습니다.

젠더를 성적 차이가 구성되고 위계화되는 구조로 이해하는 페미니스트들과, 젠더를 분류 체제로 사용하는 사람들 간에는 젠더라는 말의 사용이나 그것이 지시하는 바가 다를 수 있습니다. 그런데 그것이 왜 그렇게 중요하냐고 물어보기는 어렵죠. '너는 네가 여자라고 말하는 게 왜 중요하냐?'라고 묻는 순간, 그런 정체화의 용어가 의미 없다는 말이 될 수도 있고, 누가 그런 발화를 하느냐에 따라서 그것이 통제 장치로 작용할 수도 있기 때문입니다. 물론 정체성이 지나치게 세분화되면 정치의 분파화가 일어난다는 우려도 있어요. 하지만 아무도 듣고 싶어 하지 않는다 해도 계속 자기 정의를 내려가며 스스로가 어떤 사람인지 설명하는 것은, 어떤 면에서 소수자가 스스로를 대변하는 소수자 정체성의 표현이기도 합니다. 이런 행위가 무슨 의미냐는 질문은 이 표출 자체를 막아버릴 수도 있다는 점을 유념해야 할 것입니다.

노동과 휴식, 일터와 삶터의 분리 불가능성 · 근로주의 대 게으를 권리 · 시간 채워 넣기와 속도전 · 노동사회의 시간성과 시간 체제의 통치 · 초남성적 발전주의 국가와 시간성 · 이동하지 못하는 남성성 · '좋은 일자리'라는 불가능한 프로젝트 · 탈노동사회를 위한 논의: 반소비 문화와 가족의 민주화 · 일-돌봄의 기획 · 노동 개념의 재정의와 시간의 재배열 · 탈의존을 위한 생계 관점

2강 시간의 재배열을 위한 기획들

우리는 갈수록 삶에서 다른 '선택지'가 없어진다는 위기감을 느끼고 있습니다. 한편 이런 위기감은 우리로 하여금 좀 더 자발적이고 능동적인 인간관계를 꿈꾸고 실천하도록 만들기도 합니다. '시간의 재배열'을 주제로 한 두 번째 강의는 이러한 위기 상황과 그에 대한 적극적인 대응 방법으로, 전환을 위한 관점을 모색하고자 합니다. 지난 강의에서는 신자유주의 세계화 이후 여성의 일터와 일자리에 어떤 변화가 생겼는지를 이야기했죠. 이번 강의에서는 '시간'에 관한 우리의 감각이 어떻게 구성되는가를 다룹니다. 우리는 왜 그렇게 오래 일하고, 일터에 오래 있는 것을 당연하게 여기며, '바빠 죽겠다'는 말을 달고 살까요? 누구나 하루 8시간씩, 주 5일 일하면서 생계를 해결하고, 인간관계를 맺고, 미래도 계획하는 건 정말 '불가능한 꿈'일까요? 예측 가능한 근무 시간과 근무 기간을 보장하는 일자리는 소수만 향유할 수 있는 특권인 걸까요?

인간이 시간을 경험하는 방식은 역사적으로 변화해왔고, 현대 자본주의는 시간 통제를 통해 인간의 노동력을 배치하고 영리를 극대화하는 '시간 체제(time regime)'입니다. 이 시간 체제 아래 노동 시간이 길어지고 자유 시간은 줄어들면서, 멈춰서 생각하고 놀고 이야기 나눌 시간도 없어졌지요. 여성들이 일과 삶의 균형을 이루지 못하는 것도 시간 부족과 시간 배분에서 오는 갈등 때문입니다. 오늘은 '노동자의 사라진 시간'의 문제를 나눠보겠습니다.[16] 좀 더 구체적으로 우리는 어쩌다 이렇게 자신의 노동력과 건강, 감정을 건강하게 재생산하는 데 필수적인 시간을 빼앗기게 됐는지 살펴봅니다. 나아가 페미니스트 라이프스타일을 유지하기 위해서 자본주의로부터 시간을 어떻게 되찾아와야 할지 질문해보겠습니다.

16— 「사라진 노동자의 시간들」이라는 제목의 논문이 있다. 신병현, 「사라진 노동자의 시간들」, 《문화과학》 제69호(2012년 봄호), 50~59쪽.

노동과 휴식, 일터와 삶터의 분리 불가능성

먼저 스티브 커츠(Steve Cutts)의 「행복」이라는 짧은 애니메이션을 소개하고자 합니다. 이 우화는 행복이 물질적 소비와 소유를 통해 달성되어야 할 맹목적 목표처럼 돼버린 자본주의 도시인들의 모습을 그려냅니다. 이 작품은 인간을 상품과 '블랙프라이데이', 술과 약물에 사로잡힌 쥐 무리로 형상화하는데요. 무리 지어 행동하는 쥐의 형상으로 표현된 도시인들은 거대한 쥐덫에 결박된 모습으로 일터에 나와 일을 합니다. 도시는 거대한 컨베이어벨트가 되고, 도시인들은 그곳에 올라타 같은 방식으로 움직이고, 일하고, 먹고, 소비하는 존재가 됩니다. '나'의 행복이 중요해졌으나, 내 존재의 개별성을 박탈당한 우리에게 우울은 이미 삶의 습관이 되었습니다. 도시인들은 술과 약에 의존해 잠깐의 감정적 북돋음이나 수면을 취한 후, 더 나빠진 상태로 다시 추락하곤 합니다. 일터와 삶터 모두에서 탈개성화된 도시인들은 무리 지어 같은 방향으로 유동하며 '욜로(현재 자신의 행복을 가장 중시하며 소비하는 태도)족'이 되어도 보고 '웰빙'

이나 '소확행(일상에서 느낄 수 있는 작지만 확실한 행복)'을 선언하기도 하지만, 모든 소비는 잠깐 항우울제의 역할을 할 뿐 우리를 안정된 사람으로 만들어주지는 못합니다.

사실 이 애니메이션에 표현된 쥐의 모습은 많은 사람의 일상이기도 해요. 도시에서 노동자가 된다는 것의 의미를 생각해볼까요? 잠이 깨면 서둘러 일터에 가고, 딱히 전망 없이 주어진 일을 해내고, 집에 돌아와서도 또 다른 일과 소비 체제에 진입합니다. 자유 시간에도 계속 SNS를 들여다봐야 하고, 내일을 위한 일을 집에서 이미 시작합니다. 또한 자본주의 경제 체제에서 '휴식은 곧 소비'입니다. 배달 음식을 시켜 먹고, 쇼핑 사이트 둘러보고, 게임하고, 넷플릭스나 유튜브를 보는 등 소비할 것과 놀 것이 너무 많고, 폐쇄 회로처럼 여기서 나오기가 힘들지요. 일터에서 벗어난 다음에는 바로 소비자 개인이 되어 또다시 활성화된 상태가 됩니다. 퇴근하고 집에 와서도 가사·육아·돌봄노동을 혼자서 교대 근무해야 하는 여성은 거의 입시 공부할 때만큼 잠을 못 자기가 일쑤입니다.

예전에는 공간적으로나 시간적으로나 대체로

일터와 삶터가 분리되었습니다. 근무 시간과 휴식 시간, 일터와 집 등 공사 영역의 분리나 구획이 있었고, 주말에는 쉰다는 감각이 있었던 거지요. 가족, 파트너, 아이, 또는 다른 누군가와 소통하든, 자연 속에서 시간을 보내든, 단순히 휴식하든 '쉼'이라는 개념이 있었습니다. 일과의 연속성이 없어져야 우리의 마음가짐이나 감정도 변합니다. 일터에서는 일하다가 집에 와서는 다른 방식의 관계적인 삶을 살아가는 거죠. 여전히 한국에도 이런 노동-휴식의 이분법을 고수하는 직장인들이 있고, 유럽의 많은 나라에서는 제도적으로 이런 구분을 보장해줍니다.[17] 독일의 노동 시간은 초과근무를 포함해 48시간을 초과할 수 없고, 모든 근로자는 24시간을 기준으로 최소 11시간의 연속된 휴식 시간을 보장받아야 합니다. 프랑스에는 퇴근 후 SNS로 '연결되지 않을 권리'를 보장하는 '로그오프법'이 있습니다.

　　　반면 대부분의 한국인은 24시간 생산-소비-미디어시청 체제 안에서 탈출구 없는 삶을 살고 있어요.

17— 한국노동연구원, 「4-2장. 근로시간: 유연하지만 자기결정권이 있는 근로시간」, 《국제노동브리프》 제15권 4호(2017년 4월호), 25〜39쪽.

SNS로 실시간 반응하기, 자유 시간에도 휴대폰 보기 등 끊임없이 모든 감각이 초활성화되어 있는 상태입니다. 일을 위해서든 쉼을 위해서든 각종 정보와 콘텐츠를 재빨리 선별하여 쉴 새 없이 주문하고 응대하고 접속하는 것이 삶이 되었습니다. 카카오톡 등 메신저로 인해 이런 정보 교환과 응대에 대한 '기대 시간'이 점차 짧아지고 있습니다. 다른 일을 하다가 메시지가 온 줄 모르고 10~20분 내에 얼른 답을 못하면 '답이 늦어 죄송합니다.'라는 사과로 응답을 시작하곤 하죠. 한마디로 초감각, 초고속, 초연결의 일상을 살고 있습니다. 이런 상황에서 '일터와 삶터의 재배열'이라는 말은 터무니없이 느껴지기까지 합니다. 일터와 삶터가 분리도 안 되고, 내 시간을 사는 것인지 남들과의 시간을 사는 것인지 구분이 안 되는데, 어떻게 재배열이 가능하겠습니까.

　　　　탈출구 없는 폐쇄 회로망 같아 보이지만, SNS를 통해 고립감이나 외로움에서 벗어나 소속감마저 가질 수 있으니 그 활동에 적극 참여하는 것이겠지요. 하지만 우리는 이렇게 균질화된 시간성 안에서 일과 관계의 과부하로부터 벗어나고 싶다는 욕구를 갖기도 합니다. 초연결 시대의 삶, 항시 접속 상태, 일터와 삶터의 중첩 등은 성찰과 사색, 타인과의 '깊이 있는' 마주 봄을 통해 확립되는 나의 고유성을 허락하지 않습니다. 리액션하지 않으면 도태되는 느낌이 들고, 리액션을 요하는 주체가 권력이나 지위를 지닌 직장 상사나 교수라면 그것은 분초를 다퉈 해결해야 할 긴급 사안이 되기도 하면서 우리를 지치게 하는 탓입니다.

예전에는 당연했던 일터와 삶터의 시공간적 분리가 왜 이렇게 어려워졌는가? 우리는 어쩌다가 임금노동만을 유일한 노동으로 여기면서 인간의 다른 모든 활동을 그것에 종속시키고 있는가? 우리가 추구하는 행복이란 '찍히고 왕따당하지 않기 위해' 동질적으로 행동하며 말하고, 돈을 벌어 소비 역량을 더 키우는 것인가? 한 인간 혹은 개인으로서 능동적 자아라는 영역은 언제 어디서 어떻게 회복할 수 있는가? 이어서 이런 질문들을 다루어보겠습니다. 우리는 무얼 하며 시간을 보내고 있는지를 들여다보는 일이기도 하겠습니다.

근로주의 대 게으를 권리

우리는 '일'에 대해 어떻게 배웠습니까? 일이 도대체 무엇이고, 근로는, 노동은, 또 임금노동은 무엇인가요? 우리는 일이라는 것을 인간 도덕의 한 차원으로 배웠습니다. 한국에서는 근로가 한 개인의 인격, 도덕성, 윤리, 즉 '사람됨'을 구성하는 가장 핵심적인 기준이라고 보는 근로주의를 어릴 때부터 가르칩니다. 노동한다는 것은 내가 사회에 누를 끼치지 않는 성실한 존재라는 것을 증명해내는 하나의 행위가 되었습니다. 쉬는 것, 사색하는 것, 자율적으로 이해관계 없는 사람들과 노닥거리고 교감하는 것, 목적 없이 바람을 쐬는 것 등의 행위들이 어느 순간 나태함의 상징이 되었고요. 이런 근로주의가 진정 인간을 위한 것인지 의문을 제기하는 목소리도 있습니다. 노동자와 노예의 차이를 대비해보면, 전자는 적어도 휴식과 섭생을 통해 자기 노동력을 회복할 권리가 보장된다는 것이 중요한 차이점입니다. 그런데 근로하는 인간상만이 숭상되는 자본주의의 확산 이후, 인간이 노예처럼 취급되고 있다는 점을 경고하며 근로주의에 대한 비판을 제기하는 것입니다.

　　　　한 인간이 사회적 존재가 되려면 자신에게 주어진 시간을 어떻게 사용해야 할까요? 시간 이야기를 하면 먼저 떠오르는 사람이 벤저민 프랭클린(Benjamin Franklin)입니다. 청교도이며 과학자, 정치가인 그는 "시간은 돈이다."라는 말을 남긴 것으로 현재까지 추앙받고 있죠. 사실 프랭클린은 시간이 바로 돈이라고 말했다기보다는 한 농작물을 키우는 데는 시간이 필요하고, 그 농작물에서 생산물을 얻어 돈이 되기까지는 또 시간이 필요하다는 의미를 강조한 것이었습니다. 이런 그의 말은 어느 순간 '시간은 돈이므로 모든 시간을 돈이 되는 활동으로 전환하는 것이 시간을 제대로 쓰는 행위'라는 뜻으로 와전되어버렸습니다. 어찌 됐든 우리는 벤저민 프랭클린의 말을 자본주의의 근로철학이나 자산가의 윤리로 아주 성실하게 받아들였습니다. 정작 그 자신은 그렇게 많은 일을 하면서도 일없이 바람 쐬는 게 취미였다고 합니다. 그런 시간을 보내면서 구체적인 무언가를 어떻게 발명할 것인지를 생각했겠지요.

　　　　반면에 프랑스 사회주의자 폴 라파르그(Paul

Lafargue)는 일할 권리보다 더 근본적인 인간의 권리는 '게으를 권리'임을 주장했습니다. 19세기 말 서구에서 산업자본주의가 꽃피면서 많은 사람이 도시의 임금노동자가 되었습니다. 마르크스의 사위였던 라파르그는 당시 공장에서 하루 12~14시간씩 노동했던 여성과 아이의 비참한 현실과 배고픔을 목격하며, "공장은 강제노동을 시키는 교정시설"이라고 일컬었습니다. 인간의 영성을 증진해야 할 종교는 근로주의를 부추기며, 모든 시민은 국가의 부를 늘리고 사회를 진보시키기 위해 일해야 한다는 믿음을 강화했지요. 그는 인간의 시간과 열정, 지식, 감성이 전부 임금노동의 규격에 맞춰지고 인간의 가치가 그 방식에 따라 재단될 때, 우리의 일상이 얼마나 비참해지는지를 성토했습니다. 또한 "누구에게도 1일 3시간 이상의 노동을 금지하는 법을 제정하기로 결단을 내린다면 오래된 지구는 자기 안에서 새로운 우주가 생겨나는 개벽의 기쁨으로 몸을 떨게 될 것이다."라고 말했습니다.[18] 과잉생산으로 인한 생태 위기를 심각하게 경험하

18— Paul Lafargue, *The Right To Be Lazy*(C.H. Kerr & Co., 1883); 폴 라파르그, 차영준 옮김, 『게으를 권리』(필맥, 2009), 48쪽.

고 있는 현재의 우리에게 너무나 시의적절한 권고입니다. 재미있게도 폴 라파르그는 하는 일이 너무 많아 게을러보지 못했다고 해요. 저널리스트로 활동하고, 정치철학을 연구하고, 사회운동에 참여하려면 쉴 틈이 하나도 없었던 겁니다.

저만 해도 그렇습니다. 자율성과 능동성을 회복하면서 새로운 젠더 질서를 만들어가야 할 페미니스트들이 임금노동 중심의 삶에서 벗어나지 못하고 번아웃을 겪고 있다고 비판해왔습니다. 하지만 저 역시 쉴 시간이 없고 도시의 일-소비-관계 회로망을 빙빙 돌다 밤 10시 넘어 집에 와서는 '역시 맥주는 에일이 최고야! 행복이란 게 이런 거 아니겠어?' 하면서 벌컥벌컥 마시고 쓰러져 자다가 다시 일어나 일하는 식의 일상을 살고 있습니다. 이 강의를 듣는 분들 중에서도 여성운동이나 활동가로 일하시는 분들도 많지요? '자율적으로 일하면서 사람들과 관계 맺을 여유가 있고, 어떤 측면에서는 거리 두기도 가능한 사회적 영성을 추구하는 삶을 살고 싶다.'라고 희망하지만, 솔직히 제가 알고 있는 여러분은 다 일중독자입니다.(웃음) NGO 활동가가 하는 일을 볼까요? 주중에 꼬박 일하고, 주말에는 거리로 나가서

캠페인이나 시위 하는 것을 당연하게 생각하고, 정치를 잘 하기 위해서 새벽까지 슬로건을 짜고, 시위에 참여하는 사람들에게 먹일 김밥을 말거나 주문하면서 밤늦게까지 일하잖아요.

지금 우리가 추구하는 선택지로서 탈근로주의는 미래의 판타지입니다. 흔히 우리는 현재 몸담고 있는 현실과는 매우 다른 미래를 통해서 희망을 갖거나 변하겠다는 다짐을 하죠. 저도 「효리네 민박」 같은 예능 프로그램을 보면서 여유롭게 동물들과 함께 텃밭을 가꾸며 사는 삶에 미래의 제 모습을 투사하기도 하지만, 이런 미래주의는 문제가 많습니다. 현재의 문제를 미래의 어떤 시점이나 희망적 이미지에 투사함으로써 현재를 정치적으로 해결하려 하지 않는 행위이자 '바로, 여기서'라는 페미니즘의 직접행동주의 모토를 지속적으로 유보하는 태도이기 때문입니다. 이것이 바로 '미래주의'로, 미래주의에 대해서는 차차 더 다루겠습니다.

흥미롭게도 세계의 최고경영자(CEO)들이나 금융자본주의 한복판에서 14시간, 16시간씩 노동하는 금융

엘리트들이 가장 탐닉하는 게 무엇인지 아세요? 자본주의 사회에서 소위 '게으르다'고 여겨지던 예술가들이 만든 미술 작품입니다. 임금노동이나 근로주의 회로에 들어가지 않은 사람들이 생산한 아이디어와 영감을 주는 작품에 열광하고, 그것들을 적극적으로 사 모으고, 자신의 사무실이나 거실에 전시하면서 경배합니다. 한편 분 단위로 일하고 있음을 '증명'하도록 압박받는 ICT 분야 노동자들 또한 농장이나 섬에서의 반(反)테크놀로지적 생활을 꿈꾸며, 타율적인 노동에서 벗어난 삶의 방식에 선망을 갖습니다. 하지만 이들은 휴가로 해변에 일없이 누워 있는 것처럼 보일 때에도, 손가락은 계속 움직이고 있다는 농담이 있습니다.

시간은 인격이고, 사회적 규율이고, 최종심급이며, 국가를 존속시키는 생산성이라고 믿어온 사람들에게 주관적 시간 개념으로 일하는 존재들은 한참 나태한 인간입니다. 그러나 방랑 여행자, 글쟁이, 손기술 장인, 코뮌주의자, 예술가처럼 나태해 보이는 사람들이 만든 생산물에 열광하고 탐닉하며 돈을 아낌없이 쏟아붓는 것은 아이러니하게도 근로주의자입니다. 시간을 자기 주도적으로 쓰는 데 익숙한 사람들이 고안해낸 철학, 아이디어, 슬로건, 글, 공예품, 예술 작품, 콘텐츠는 감성적이고 독창적이고 영성적이며, 때로는 우스꽝스럽고 기괴하기 때문에 소비됩니다. 그리고 인류가 발전하려면 다양한 형태의 삶과 생산물이 공존해야 합니다. 근로주의와 나태라는 이분법은 본래 '허구'에 불과하죠. 모든 인간은 규율화된 시간과 주관적 시간의 팽팽한 긴장 속에서 그 사이의 어느 지점을 선택하는 것뿐입니다.

　　　지금은 그 균형 자체가 많이 깨졌습니다. 신자유주의 경제에서는 많은 사람이 근로주의와 성과주의 원칙에 붙들려 과시, 자책, 나르시시즘이라는 삼중의 유아적 불안에 시달리고 있지요. 남들보다 돈을 못 번다거나 임금노동을 못 한다는 이유로 자기 자신이 못났고 무의미하고 인격 자체가 저평가된다고 믿는 사람이 다수가 되었습니다. 또한 자신의 아주 미세한 성취까지 전 세계가 알아야 한다고 믿는 '쇼잉'이 만연한 사회가 되었습니다. 내가 고생하며 이뤄낸 것을 잃을까 봐 다른 이의 견해나 개입에 적대적이며, 내 자리와 현 상태를 지키려고만 하는 '보신주의' 또한 증가하고 있습니다. 우리 모두가 이런 중첩된 불안에 시달리면서 상황에 따라 너무 다른 자아를 드러내고 있는 것입니다. 허세와 자기 비하를 오가며 자신을 드러내니, 내가 만나는 사람이 어떤 인격을 가졌는지 시간이 지나도 정확히 파악할 수 없는 상황에 이르렀습니다. 이제는 누구와 친구가 될 수 있는지, 동료는 누구인지, 누구를 사랑할 수 있을지를 심각하게 질문하게 되는 시대입니다.

시간 채워 넣기와 속도전

21세기가 되자, 한국에서는 학생, 직장인, 프리랜서 누구 할 것 없이 다이어리나 플래너를 작성하기 시작했지요. 매우 작은 단위로 쪼개진 활동 계획과 실행이 곧 일이고, 인격이며, 성취라고 믿으면서 프랭클린 플래너의 적극적인 소비자가 되었습니다. 『성공하는 사람들의 7가지 습관』 저자인 스티븐 코비(Stephen Covey)는 벤저민 프랭클린의 '시간은 금이다.'를 받아들여, 철저하게 시간을 계획하고 할당하고 완성함으로써 삶의 효율성이 갖추어진다고 주장했습니다. 나아가 벤저민 프랭클린의 '프랭클린'과 스티븐 코비의 '코비'를 따서 1997년에 프랭클린코비라는 회사를 설립합니다. 프랭클린 플래너가 바로 이 회사에서 생산된 플래너인데, 한국성과향상센터에서 공식적으로 유통하고 있습니다. 가장 인기가 많은 데일리 플래너가 2만 1000원이고, 20~30만 원의 고가에 팔리는 컴팩트형, 클래식형, CEO형이 있어요. CEO도 아닌데 CEO형을 사는 사람이 많다고 합니다. 최근에는 모바일 버전도 출시됐습니다.

대부분의 사람들이 계획을 하고 기록을 합니다. 문제는 시간 통제가 성공이나 생존 개념과 너무 밀접하게 연동되어 강박의 감정을 낳고 있다는 점이지요. 이제 시간은 '성공을 위한 도전의 시작', '일과 삶의 밸런스', '남이 잠들었을 때 일하라.' 등으로 표현되는 '시테크' 개념에 따라 상품화되고 있습니다. 한국에서 시간은 '채워 넣기'이죠. 30분, 한 시간 단위로 끊임없이 할 일을 채워 넣으면 내가 근로주의의 윤리를 제대로 실현하고 있다는 느낌을 받을 수 있습니다. '잘나간다'는 이미지, 인기, 지명도, 영향력, 경제력은 내가 얼마나 빈 시간이 없는지를 과시하고 증명함으로써 얻을 수 있는 것이 되기도 합니다. 프랭클린 플래너를 쓰진 않지만, 저도 매일매일 약속이나 일정을 일정표에 채워 넣다가 어느 날 빈 공간을 보면 기쁜 게 아니라 뭔가 '놓치고 있다'는 불안한 마음이 듭니다. 내 시간이 타자의 욕구나 필요에 따라 꼭 채워져야 제대로 교수 생활을 한다는 평가를 받을 것 같아 그런가 봐요. 내 임금, 가치, 신분, 지위와 영향력은 나의 시간이 얼마나 누군가의 요구에 잘 부응하고, 청탁·부탁·중계를 원활히 수행하고, 수업이나 연구, 강연으로 채워지느냐에 달려 있다고 보는 겁니다. 그러면서 시간 없음과 쉼 없음에 한탄하고, 자기 연민에 빠지기도 하지요. 거절도 많이 하지만 그때마다 평판에 손상을 입는 것은 아닌지 잔존하는 감정이 생깁니다.

시간은 사실 '돈'입니다. 시간제 노동자, 아르바이트 노동자에게 10분의 시간은 곧 돈을 의미하지만, 고용인에게는 '선심' 써줄 수 있는 무상의 시간처럼 이해되지요. 그 사이에서 시간을 둘러싸고 벌어지는 갈등은 점점 첨예화하고 있습니다.

시간은 이런 사용 차원의 변화뿐 아니라, 속도

가 너무 빨라졌습니다. 페미니즘 또한 속도를 쫓아가지 못하면 쉽게 논의에서 도태됩니다. 온라인 영역으로 운동이 옮겨 간 페미니즘 대중화 이후, 사건에 대응하고 행동하는 데 걸리는 시간은 채 하루가 되지 않습니다. 20, 30대 여성들에게 페미니즘은 차별과 혐오에 맞서 '싸우는 것'이란 인식이 강해지면서, 속도전이나 '총공' 등이 중요한 일상어가 되었죠. 페미니즘에 관여하는 많은 여성들이 온라인에서 열성적으로 의견과 정보를 나누고, 목표를 설정하고, 시위를 조직하거나 돈을 모아 이 모든 활동을 가능하게 합니다. 물론 주도적으로 목소리 내는 사람들은 있지만, 딱히 리더가 없는 집단적 움직임이 일목요연하게 하루 이틀 내에 이뤄집니다. 이런 놀라운 연결을 목격하는 것은 여성들을 매우 흥분하게 만들고요.

저 같은 시니어 페미니스트는 일단 전화해서 의견 물어보고, 동의 구하고, 약속 잡고, 어젠다 세팅하고, 각자 자료 준비해 와서 만납니다. 만난다 해도 실행 가능성과 효과에 대해 토론하고, 문서라도 만들라치면 벌써 1, 2주일이 지나 있어요. 마지막으로 모든 사람이 동의할 수 있는 공동체적 형식을 완성하면, 이미 '감정'이 식어 있을 때도 많습니다. 온라인 페미니스트들 또는 넷페미들은 자랄 때부터 디지털 세계에서 놀았고, 능숙하게 디지털 테크놀로지를 다룰 줄 압니다. 감각적으로나 경험적으로 잘 아는 성차별과 성폭력의 문제에 대응하는 속도는 엄청나게 빠릅니다. 애써서 무언가를 설명하거나 토론할 필요가 없을 만큼 집단적 동의 체제가 광범위하게 구성된 것이지요. 이를 바탕으로 빠른 속도로 '총공격'을 하며 목적을 실현해야 합니다. 거기에는 지체하고 시간을 끌다가 여성들이 다치고, 죽어나간다는 절박감이 있습니다.

그런데 온라인으로만 페미니즘 운동을 하다 보면, 디지털로 연결되어 있음에 매우 감격하면서도 혼자 남겨진 일상에서는 더욱더 깊은 고립감과 피로를 느끼기도 합니다. 많은 여성들이 넷페미는 그렇게 많은데 왜 내 주변엔 페미니스트가 한 명도 없냐고 되묻곤 해요. 각자 고달픈 페미니스트 생활을 하고 있죠. 디지털 페미니즘은 우리가 계속 움직이고 약진하고 있음을 보여줘야 하기 때문에 광폭의 속도로, 지칠 줄 모르고 뛰어갑니다. 어떤 때는 사건이 안 생기는 게 이상하다고 느껴질 정도로 밤낮으로 일이 생기거나 논쟁이 일어나기도 하지요. 하지만 인간의 몸은 인터넷의 광속에 맞출 수가 없습니다. 때로는 속도보다 깊이 있게 생각하면서 운동을 조망하는 것도 필요합니다. 그러나 디지털로 유통되는 말은 너무 빨리 증폭되어 의도와 현실이 달라진 채로 '판단'과 '판결'을 내리게 합니다. 또한 이미 일어난 적대적 싸움은 나중에 주워 담아지지 않으며, 또 다른 사건이나 말로 덮이거나 잊힐 뿐이라는 것도 유념할 필요가 있겠습니다.

전통적인 대면적 페미니즘 운동은 주저함, 느림, 다시 생각해보기 등을 허용하지만, 온라인 페미니즘은 즉각성과 효과를 칭송합니다. 한번 이런 속도에 신체와 의식이 적응되면, 상대방의 조금 느린 반응은 무시나 은폐로 해석됩니다. 저는 오프라인 페미니스트의 고답성은 너무 답답하고, 온라인 페미니스트 문화는 너무 빠르고 신조어도 많아 부진하게 따라가고 있는 형편입니다. 트위터 페미니즘의 등장 이후 속도는 더 빨라졌죠. 저는 트위터 계정을 만들어 경기장에 입장하자마자 며칠 만에 경기를 중단하고 말았어요. 트위터 페미니즘은 어릴 때부터 손가락 밀어내기로 '속독'을 잘했던 사람이나 전업 디지털 전사인 여성의 영역인 것 같았습니다. 속도의 시대에 페미니스트들 또한 초활성화된 존재가 된 것이죠. 속도가 안 맞으면 함께 걷기 어렵잖아요. 그래서 저 같은 사람은 강의를 통해 여러분을 만날 수밖에 없습니다.

노동사회의 시간성과 시간 체제의 통치

사람마다 각자의 방식대로 사용했던 시간에 대한 통제는 자본주의의 승리입니다. 인간의 신체를 어떻게 생산 목적에 따라 훈련하고 훈육하고 점유하는가는 자본주의의 가장 핵심적인 목표였습니다. 따라서 자본주의는 생산성 있는 신체를 만들어내기 위해 시간과 공간을 통제하는 방식에 관심을 갖습니다. 이런 시간의 통제는 노동사회로의 전이 과정에서도 중요한 역할을 담당했습니다. 근대 자본주의 이전에는 계절, 절기 같은 자연의 시간에 따라 살아가던 농부들, 혹은 자신이 정한 시간 규칙에 의해 물건을 만들던 수공업자들이 대다수였지요. 그런데 공장과 임금노동이 등장하면서 사람들이 자신의 시간을 자본가라 불리는 사람에게 양도하게 되었습니다.

작업 지향적 시간성(task-oriented time)이란 원래 앞서 말한 것처럼 농부나 수공업자가 날씨나 자신의 상황에 따라 노동 시간을 조정하면서 작업을 수행하는 것을 의미합니다. 최근에는 이것이 노동 시간에 대해서는 전혀 보상받지 못하고 용역, 도급의 형식으로 할당된 목표를 채워야만 보상받을 수 있는 노동자의 시간성을 지칭하기도 합니다. 학습지 교사, 보험설계사, 택배 기사 등과 같이 특정 업무를 달성하면, 또는 건당 돈을 받는 특수고용직 노동자들은 1인 사업자로 취급되어 4대보험에 가입하지도 못합니다. 실질적으로 일을 완수하는 데 들인 노동 시간에 대한 보상 없이 오직 할당량을 채워야 돈을 받기 때문에 목표치를 맞추기 위해 장시간, 빠르게 일해야 합니다. 쉬는 시간과 일하는 시간의 구분도 없이 작업 속도를 높여야 하죠.

산업화 이후 모든 작업장은 시계를 활용해 먹

는 시간, 일하는 시간, 잡담 시간, 화장실 가는 시간, 약간의 휴식 시간도 규격화하고 통제합니다. 노동자들이 자신의 생물학적 욕구에 따라 쉬는 게 아니라 화장실도 눈치 보며 가야 하죠. '30분 전에 화장실에 다녀왔어야 했는데, 지금 가면 눈치 보이지 않을까?' 이런 생각 말입니다. 이렇게 인간의 노동력을 특정 시간에 맞춰 통제하는 시계 중심적 시간성(clock-oriented time)은 많은 활동을 인간적이고 주관적인 특성을 지닌 협력적 생산 방식보다는 특정 시간의 투여에 따른 '산출'과 '잉여'라는 자본가의 관점으로만 생각하게 했지요. 노동자가 다음 날 다시 일하려면 휴식도 취하고 섭생도 해야 하므로 산업자본주의의 노사협약은 노동 시간을 하루 8시간으로 규정하기 시작합니다. 그러나 한국에서는 9시 출근, 6시 퇴근이라는 많은 직장인의 근무 시간만 잘 지켜져도 직장을 다니는 게 그나마 덜 괴로울 만큼 지금도 노동 시간 규정을 준수하지 않는 경우가 많습니다.

요즈음 많이 목격되는 것은 프로젝트 기반의 시간성(project-oriented time)입니다. 프로젝트 기반의 시간성이란 특정 시간 안에 일련의 과제들을 '완성도' 있게 해내야 하는 것으로 시간의 밀도를 아주 높여놓은 방식입니다. 프로젝트에 참여하실 때 하나를 끝낸 후에 평가 자리를 갖고 나서 다른 프로젝트에 들어가시나요? 거의 대부분 평가나 성찰의 시간은 주어지지 않습니다. 낯선 사람들을 모아 '올인' 해서 특정 시간 안에 완성하면 그 프로젝트는 거기서 끝나고, 금방 성격이 완전히 다른 프로젝트가 또 내 앞에 와 있지요. 그리고 프로젝트마다 사람이 바뀝니다. 6개월, 1년, 2년 단위로 해당 프로젝트용 인력을 뽑기도 합니다. 고객 관리가 중요한 프로젝트라면 마케터를 뽑고, 이후 생산성 위주의 프로젝트를 하면 구성원을 다시 바꾸는 등 인력을 매번 재배치하기 때문에 참여자가 이전의 노동으로부터 학습 혹은 성찰하거나 시행착오를 거쳐 변화를 끌어낼 여지를 차단당합니다.

협력이라는 것도 어디까지나 단기간의 목적을 지향하는 선에서 이루어집니다. 특정한 과제 혹은 과업에 우리의 영혼과 능력을 집중 투여하여 '그럴싸한' 것을 만들어내야 합니다. 인간이 계속해서 단기간 안에 창조적이기는 어렵기 때문에 프로젝트나 프로그램마다 용어나 내용의 비숫한 복제가 일어나지요. 여성들은 이런 프로젝트 기반의 일자리에 비정규직, 임시직, 혹은 프리랜서로 많이 참여하고 있습니다. 프로젝트 기반의 시간성은 몰입과 전면 투여를 요청합니다. 그래서 소위 번아웃 증후군을 쉽게 경험하게 됩니다. 하지만 목표도 알기 어려운 지루한 일을 반복하는 출퇴근형 일터보다 이런 일이 도전의식과 성취감을 주기 때문에 선호되고 있습니다.

한국 여성의 경우 일생 동안 평균 11년을 비정규직으로 일하면서, 지난 시간에 보았듯 수평적 이동을 거듭합니다. 승진이란 개념도, 경력 구축이란 개념도 없이 이 프로젝트 저 프로젝트에 동원되며 다양한 비정규직 일자리를 옮겨 다니는 것이지요. 각종 시간제 아르바이트까지 합치면 여성들은 실로 수많은 낯선 일터에서 수많은 사람과의 접속과 단절을 경험하며 여기저기 떠돕니다. 어떤 여성은 '내 자리'의 책상에 앉아 일해보는 게 소원이라고 할 정도로요. 이런 잦은 이동은 잘못을 하더라도 그 현장에서 만회하고 성장할 기회가 없다는 뜻이기도 합니다. 앞으로 일하는 방식과 테크닉을 가다듬겠다고 아무리 반성하고 깨달아도

적용할 데가 없습니다. 이미 프로젝트는 끝났거든요. 그리고 완전히 다른 자질과 심성과 지력을 요구하는 또 다른 프로젝트에 동원되죠. 그렇기에 경험이 보상되지 않는 구조가 만들어집니다. A 프로젝트에서 획득한 일머리, B 프로젝트에서 얻은 숙련도, C 프로젝트에서 획득한 위기관리 능력을 '숙련도'나 '전문성'으로 인정받지 못하는 것이죠. 그런 경력이 동종 업종의 취업으로 반드시 연결되지도 않습니다. 이런 구조 안에서 20~40대 고학력 여성들은 축적된 경험에 대한 보상이 이루어지지 않는 단선적이고 간헐적인 프로젝트 기반의 시간성 안에서 일하고 있습니다.

　　또 하나 우리의 시간을 규정하는 것은 이미 이야기한 디지털 지향적 시간성(digital-oriented time)입니다. 쉽게 말해 24시간 쉬지 못합니다. 카카오톡, 인스타그램, 트위터 해야죠. 게다가 야근하고 피곤에 절어 집에 왔는데 팀장님이 메신저로 "내일 9시까지 기획안 준비하고, 우리 모두 아자아자!" 하면, "네, 팀장님! 우리 모두 파이팅!" 하고 자기 감정과는 전혀 다른 이모지를 붙여가면서 대답해야죠.(일동 웃음) 디지털 지향적 시간성에서는 내가 어느 때나 접근 가능한 노동력이 됩니다. 오죽하면 '연결되지 않을 권리'를 주장하겠어요. 심지어 스트레스나 불면으로 잠 못 드는 동료나 상사의 '불면의 시간'에 대화 상대도 돼주어야 해요. 집에 와서도 계속 머리가 긴장돼 있고, '오늘 이거 보내야 해.' 하면서 계속 휴대폰을 끼고 삽니다. 집에는 몸만 있을 뿐 휴식을 전혀 하지 못하고 인지적 긴장을 한 번도 내려놓지 못합니다. 이런 상황에서 아이들을 보거나 파트너를 보거나 부모를 보면 좋은 소리가 나오겠어요? 내 머릿속이 복잡하고, 계정 비밀번호를 막 치려는데, 엄마가 불쑥 문 열고 "너 밥은 먹었어?"라고 물어보면 짜증 나고……. 다른 사람의 말 걸기는 나의 '시급한 일 능력의 증명'을 방해하는 잡음 또는 불협화음이 되어버립니다.

디지털 시간성은 일터뿐만 아니라 교육, 돌봄, 여가 등 전 영역에 깊이 파고들었습니다. 요즘 워킹맘에게는 전통적인 집안일보다는 온라인으로 아이들 수업 신청하고 수업료 보내기, 유치원 교사에게 메신저로 아이 유치원 생활에 대해 물어보고 "선생님, 우리 아이가 감기 걸렸는데 오늘 제가 감기약을 한 끼치밖에 못 보냈네요. 죄송해요." 같은 전달 사항 소통하기 등이 중요합니다. 말하자면 디지털이 제공하는 사회적 연결망에서 수없이 정보를 보내고 올리고 가공하는 일입니다. 예의든 의무든, 자발적이든 타율적이든, 시간과 감정과 지성이 밀도 있게 투여되는 노동입니다. 즉각성과 타이밍이 너무 중요한 노동이라서 우리를 늘 감각의 긴장 상태에 놓이게 하고요.

우리는 강압적인 '시간 체제'에 통치받으며 살고 있다고 말할 수 있습니다. "지금 당장 앱으로 5분 안에 햇반과 라면 쇼핑하고 휴대폰 결제해라."라는 협박을 받는 게 아닌데도 일, 소비, 여가 등 모든 활동에서 조바심을 갖죠. 내가 언제 무엇을 어떻게 왜 해야 하는지 이미 배열돼 있는 시간과 디지털 세계 안에서 압박감을 느끼는 것입니다. 경찰과 법의 통제에 의해서가 아니라, 개개인이 이런 통제 시스템 안에서 오랜 기간 훈육되고 훈육을 체화한 몸을 갖게 되면서 스스로가 '체현기술(technology of embodiment)'을 갖추었기 때문입니다. 의무처럼, 규율처럼, 원칙처럼 시간과 디지털 테크놀로지가 우리의 몸과 정서를 규정하고 있습니다. 나의 자발적 참여에 의한 것처럼 보이는 행동은 사실 나의 능동적 행위자성(agency)을 점점 삭제하는 통치의 효과일 뿐이지요. 바로 이런 이유로 현재의 자본주의 체제를 시간 '정권'이라 부르는 것입니다. 개인의 힘으로 이 정권에서 해방될 수 있을까요? 이는 엄청난 집단적 열광과 반문화 운동이 일어나야 가능한 일입니다. 몇 사람이 자율 시간을 확보하려고 노력한다고 해서 바꿀 수 있는 문제가 아닙니다. 하지만 그런 사람들로부터 문화 운동이 일어난다는 점을 기억하는 것도 중요합니다.

그렇기에 현재와 미래의 페미니스트 운동은 시간 체제와 정면 대결을 해야 합니다. 8시간을, 혹은 3시간만 일해도 먹고살 미래를 걱정하지 않을 수 있는 사회보장제도나 일을 못 하게 되는 위기를 지원해주는 안전망이 필요하기 때문이죠. 또한 일과 삶의 재배열이 가능한 사회적 조건을 만들어내고, 디지털 테크놀로지와 기계뿐 아니라 사람과 자연과 시간과 더 많이 접촉할 수 있는 환경을 구현하는 것도 중요합니다. 신체에 대한 정면 대결, 즉 나의 일차적, 물질적 근거로서의 신체를 누가 훼손하고, 남용하고, 리비도적 쾌락을 위해 이용하는가에 대한 전면적 반격이 반(反)성폭력과 미투 운동을 통해서 이루어지고 있다면, 시간성에 대한 반격은 아직 페미니스트 운동에서 중요한 대안 문화 운동으로 등장하지는 않은 셈입니다. 이제는 자본주의하의 시간성을 재조직하는 페미니즘 기획이 필요한 시점입니다.

초남성적 발전주의 국가와 시간성

한국에서 근로주의의 영향력이 이토록 큰 이유는 무엇일까요? 세계 11위의 경제력을 가진 국가라는데 우리의 경제력은 어디에 사용되고 있을까요? 한국의 발전주의 패러다임을 살펴보면, 시간성과 젠더가 긴밀하게 결박되어 국가 발전에 핵심적인 영향을 끼쳤습니다. 정치학자인 한종우와 L. H. M. 링(L. H. M. Ling)은 한국의 경제성장이 '초남성적 발전주의 국가(hypermasculine state developmentalism)' 전략에 의해 이뤄졌다고 말합니다.[19] 짐작하시겠지만 박정희 정권 시기의 이야기입니다. 박정희 정권 당시 국가는 고속 경제 발전을 위해 고도로 순응화된 신체를 구성해야 했

습니다. 그와 함께 강력한 가부장제의 복원을 통해서 발전
주의 국가를 건설하겠다는 목표를 세웠습니다. 왜 '초남성적'
이라고 일컬을까요? 이전 시기에는 식민 지배와 미군정 아
래에서 한국 사회 남성들의 자아가 여성화(feminized)되었다
는 것을 뜻합니다. 스스로 국가를 이끌어나가는 주체도 될
수 없고, 정치적 권력도 갖지 못한 채 여성이 남성에게 종속
되듯 감정적, 인지적, 사회적, 정치적으로 종속된 시간이 오
래 지속되었기 때문입니다. 예를 들어 식민지 시기 소설 속
의 남성성이 늘 우울과 나약, 자기연민의 정서를 띠고 있는
것도 그런 종속의 상태를 드러내는 것이죠. 그러다 독립을
하고 스스로 사회를 발전시킬 수 있는 정치적 주체가 되자
마자, 억압되었던 자신의 취약한 남성성을 복원하기 위해 과
도하고(hyper) 연행적인 남성성을 과시했습니다. 그리고 빠
른 시간 안에 경제적 축적을 실현하고, 서구 남성성에 억압
받던 자신의 자아를 복원하기 위한 대응으로 추구된 과도

19— Han Jongwoo, L. H. M. Ling, "Authoritarianism in the
Hypermasculinized State: Hybridity, Patriarchy, and Capitalism
in Korea," *International Studies Quarterly*(Vol. 42 No. 1, 1998), pp.
53~78.

한 남성성에는 군사주의 문화가 뒷받침돼 있었습니다. 요컨대 총과 칼이라는 무력과 정치권력 두 가지를 결합해서 가장 강력한 상상적 남성성을 구성하며 국가 발전을 도모한 것이 박정희 정권의 초남성적 발전주의인 것입니다.

초남성적 발전주의의 성공은 그 과정에서 친숙한 가족주의 이데올로기를 동원함으로써 가능했습니다. 국가와 정치 지도자는 마치 가부장적 아버지와 같은 존재이고, 사회가 이 가부장적 아버지의 리더십에 따라서 가정을 부흥해야 하는 부인 역할을 했습니다. 부인의 순종적이고 대가 없는 헌신을 당연시했던 유교적 가부장제 모델을 그대로 복원한 것이지요. 그렇다면 이렇게 가부장적 가족주의가 국가 통치 이데올로기로 그대로 이식된 상황에서 소위 대기업, 자본은 무슨 역할을 했을까요? 한국에만 있는 이상한 표현이 하나 있어요. 12월이 되면 기업에 훈장이니 상패를 수여하며 '효자 기업'이라는 표현을 씁니다. 1970년대부터 유행한 말인데, 기업이 어떻게 효자가 될 수 있나요? 그 각본(script)은 이렇습니다. 국가의 빠른 발전은 가족의 성공과 직결되고, 이를 위해서는 가족 내 엄격한 성역할 구분과 세대 위계가 필수적이며, 순종은 미덕이고 국민의 의무입니다. 그 아래에서 국가 발전의 독점적 지휘권을 가진 '아버지' 같은 정치 지도자와, 그를 헌신적으로 따르고 대가 없이 희생하는 '여성화'된 사회, 아버지의 뜻에 따라 아버지의 지원을 받아 성장하는 '아들' 같은 기업, 마지막으로 산업역군이라 불리며 수출 산업을 이끌지만 쉽게 폐기 처분할 수 있는 '딸' 같은 노동자라는 은유가 형성되었습니다. 마치 '출가외인'이라 불리는 딸이 상속에서 배제되듯이 노동자는 자원 배분이나 이익 배분에서 밀려납니다. 노동자는 딸이 그랬듯 존귀하게 대우받지 않았으며, 적절한 인정도 받지 못했고요. 한국의 남아 선호 사상은 대기업이 어떤 병리적인 일을 벌여도 걱정해주고 봐주는 심성을 형성했습니다. 또한 대통령이라는 직위는 전지전능한 아버지의 위상을 갖게 되었죠.

　　이런 초남성적 발전주의 국가관 아래에서 유일한 생존법은 묵묵하게 산업역군이라는 자신의 역할을 수행하는 것, 여성화된 종속을 당연하게 받아들인 노동자로 살아가는 것이었습니다. 그리고 국가 발전에 거역하는 행위들, 즉 나태함, 쾌락, 자유로움, 개성, 초자연적 힘에 대한 의존,

친자연적 습관 등은 다 처벌받게 됩니다. 가령 샤머니즘, 장발 및 미니스커트, 녹색혁명(품종 개량, 화학비료 및 살충제 사용 등 개발도상국의 식량 생산력을 급속히 증대하기 위해 이뤄진 농업상의 여러 개혁)을 거부하는 자연농법은 이런 훈육 체제하에서 '범죄'나 '반사회적 행동'이 되죠. 근로주의가 최고의 국민적 자질이 된 것은 바로 이 초남성주의적 발전주의 국가의 산물입니다. 우리는 생물학적 종다양성의 실종을 가슴 아파하지요. 한국에서는 인간 내 종다양성 역시 급속히 사라졌고 집단주의가 그 자리를 차지했습니다.

이 패러다임 변화에 자연적으로 순응하게 만들려면 국가가 남성의 동의를 얻어야 합니다. 박정희 정권 때도 군대 안 가고 병역을 기피하는 남성들이 굉장히 많았어요.[20] 전쟁 끝난 지 얼마 되지도 않았는데 군대를 누가 왜 가고 싶겠어요? 남성들이 병역을 기피하자 박정희 정권은 단속과 처벌을 강화하는 한편, 노동과 군사주의를 엮습니다. 제일 중요한 유인은 군대에 갔다 오면 보상을 주는 것이었습니다. 병역필자에게만 제공하는 일자리, 근로의 기회가 그것입니다. 남성들에게 약속되었던 또 다른 보상은 '가족

임금'입니다. 당시는 집안에서 맺어준 대로 결혼하는 과거의 관습에서 벗어나 도시의 개별적인 노동자로서 자유연애를 거쳐 핵가족을 구성할 것을 강조하던 때였습니다. 핵가족주의란 곧 해방이었죠. 처음으로 종교나 가부장적 대가족주의에서 해방되어 '내 가족'을 구성한다는 점이 아주 중요했는데, 그때 따라오는 보상이 바로 가족임금이었습니다. 기업에 취직하면 주택자금도 대주고, 교육비도 대주는 등 한 가정을 먹여 살릴 수 있는 물적 토대를 마련해줬다는 뜻이지요. 대기업이나 중공업 분야 노동자에게 가족임금제를 통해

20 — "1950년대와 1960년대의 병역기피자 수를 보면 그 규모가 전체 징병 대상자의 15~20%로 깜짝 놀랄 정도였다. 아직 국가의 행정 능력이 개개인을 철저히 파악할 수 있을 만큼 발전하지 못한 데다가, 분단과 전쟁으로 호적 등 병사서류가 완비되지 않았던 탓에 매년 수만에서 십수만 명의 병역기피자가 나왔던 것이다. 1961년 5·16 군사반란 직후 내각 공고 제1호로 병역의무 불이행자의 자수를 받았는데 1, 2차에 걸쳐 자진 신고한 병역기피자가 무려 40만을 넘었다고 한다."
"1968년에 도입된 주민등록증은 개개인에게 고유번호를 부여한 철저한 감시체제의 확립을 상징했다. 박정희는 '부정과 불신으로 얼룩진 병무행정을 바로잡는다'는 명목으로 1970년 8월 국방부 병무국을 해체하고 국방부의 외청으로 중앙에도 병무청을 창설했다. [……] 국가비상사태에서의 강력한 병역기피자 단속방침을 밝혔다. 그럼에도 병역비리가 발생하자 박정희는 [……] 병역비리 연루자들을 사직시키고, 장성급 10여 명을 구속했으며, 병무청장 전부일을 해임 [……]"
www.hani.co.kr/arti/PRINT/576227.html 참고.
병무청 통계에 따른 연령대별 병역 미필률은 news.joins.com/article/14457830 참고.

'당신의 가족을 먹여 살릴 수 있는 월급'을 약속해준 것입니다.

　가족임금제가 도입된 이후 무엇이 문제였을까요? 당연히 여성들의 낮은 임금 수준입니다. 가족임금제의 도입과 함께 남성만이 생계를 부양한다는 남성 생계부양자 이데올로기가 강화되면서 여성 노동자에게는 남성의 절반 수준의 임금만 주는 걸 당

1970년대 박정희 정권하 강력한 병역기피자 단속방침의 영향으로 충청남도 홍성군에서는 병역기피자의 집 담벼락에 "기피자의 집"이라 적은 판을 세워두기까지 했다. 《조선일보》(1974년 7월 14일 자).

연하게 여겼습니다. 남성과 똑같은 일을 하더라도 비혼 여성에게는 '당신 아버지한테 가족임금을 줬으니까 당신의 생계비는 아버지 임금에 일부 포함되어 있다.'라고 전제하고, 기혼 여성의 경우에도 '남편에게 가족임금을 줬으니까 당신 임금도 절반' 하는 식입니다. 이렇게 성별 임금격차를 완

벽하게 정당화하는 시스템이 만들어진 것입니다. 그뿐 아니라 남성들에게 가족임금을 주는 반면, 여성은 전적으로 대가가 지불되지 않는 무임노동으로 가족 내 가사노동을 담당하게 하여 성별 노동분업을 강화했습니다. 빨래, 식사, 성적 쾌락, 친밀성, 격려와 위로 같은 감정적 보살핌 등을 전부 부인을 통해 해결하도록 한 것입니다. 요컨대 일하는 여성이건 전업주부건 상관없이 여성들이 성별분업 체제 안에서 자신의 노동력뿐만 아니라 파트너의 노동력, 아이들의 노동력까지 무임으로 재생산하는 노동을 하도록 정당화한 시스템이 바로 한국의 초남성주의적 발전주의 국가였습니다. 이에 대한 문화적인 동의는 유교적 가부장제의 남성 지배 모델을 국가 통치의 모델로 삼음으로써 받아냅니다.

국가의 경제 발전을 남성 생계부양자의 기여 덕분으로 사유하는 태도, 대기업에 대한 무한정한 돌봄과 격정, 노동자에 대한 무시, 여성의 다양한 기여에 대한 침묵과 은폐 등은 2020년대를 살고 있는 우리의 '시간성' 안에 여전히 강력하게 자리 잡고 있습니다. 발전이 경제적 총량의 확산으로 등치되니 사회의 내재적 가치, 협력, 돌봄, 소통 등은 아직 하찮은 것으로 간주되고요. 나아가 발전주의는 무한 대의 경제성장이 가능하다는 시간 개념을 제공함으로써 곁을 그리고 주변을 살펴보는 동시성의 감각을 훼손시킵니다.

이동하지 못하는 남성성

현재의 젠더 갈등은 여성과 남성이 마치 다른 '시간대'에 존재하는 것처럼 느껴진다는 점에서 심각합니다. 시간성은 물리적 시간만이 아니라, 과거, 현재, 미래를 관장하는 인간 경험과 정서의 변화를 포함하는 개념입니다. 여성들은 페미니즘 운동이나 개인적 자각을 통해 초남성적 발전주의의 유물을 빠르게 청산하며 이동하고 있지요. 2005년 호주제 폐지 이후 여성은 대상이 아니라 공존하는 동등체라는 주장을 일관적으로 해왔습니다. 그런데 동시대 남성들은 이런 변화를 급작스럽게 떨어진 폭탄처럼 느낍니다. 아무리 성평등을 주장해도 별로 심각하게 받아들이지 않고, 늘 하던 대로 기껏해야 제스처로서의 유연한 태도를 취해왔기 때문이겠죠. 남성들은 왜 이동하지 못할까요?

초남성적 발전주의 아래 보상 수준이 높은 자리가 많은 조직일수록 남성 동성사회가 강화됩니다. 남성 동성사회란 남성이 사회나 공적인 영역을 장악하여 여성을 배제하는 경향을 의미합니다. 남성 동성사회 안에서 '사나이'들은 과시와 경쟁을 하면서 지위와 신분을 높이고자 합니다. 자신의 지위를 표현하고 인정받기 위한 방법의 하나로 '여성에 대한 성적 접근'이 너무 쉽고 늘 가능하다는 것을 과시합니다. 사회적으로 성공한 남자 주변으로 여자가 꼬이기 마련이라는 둥, 이런 남자는 여러 명의 여자를 거느려도 된다는 둥, 돈이 있으면 성구매를 하는 것이 당연하다는 둥 자기들끼리 정의한 방식대로 남성다움을 이해합니다. 이로써 남성의 지위와 여성에 대한 성적 접근 및 매매 가능성은 비례한다는 의식을 더 공고히 하는 것이지요. 물론 이런 위계는 상대적인 것이라 남성 동성사회는 성공, 부, 권력을 조금만 획득하면 누구라도 그에 따르는 힘을 발휘하고 싶은 강한 욕구가 들게 합니다.

이 같은 철저한 군사주의적 위계 관계는 남성

이 다른 남성들을 통제하고 모욕을 주는 것을 당연하게 여깁니다. 억압되고 무시당한 남성들은 그 분노를 어떻게 풀까요? 지위가 있든 없든 빠른 스트레스 해소를 위한 섹스 중심의 일시적 쾌락에 집중하고, 그것을 스트레스를 풀 수 있는 유일한 방법처럼 강조하는 남성 동성사회의 각본을 수용합니다. 남성 동성사회는 끊임없이 여자 얘기, 섹스 얘기를 하는 남자들을 양산하지만, 결코 이성애 사회는 아닙니다. 여성인 '인간'에 대한 총체적인 이해나 관심이 없거든요. 남성끼리의 갈등 해소, 연대, 위계 확인을 위해 여성을 성적 대상이나 온건한 아내로 고착시키는 데 모든 에너지가 집중된 사회이기 때문입니다.

동성사회적 성향이 강하면 강할수록 개별성을 지닌 남성이 탄생하기 어렵습니다. 이들을 묶어내는 것은 성적인 것에만 집중된 카텍시스(cathexis)입니다. 프로이트에 의해 개념화된 카텍시스는 상대에 대한 애착이나 집중된 에너지를 의미하는데, 일반적으로 특정 대상에 대한 관심이 끊임없이 지속되면서 자기 감정이나 에너지, 즉 리비도가 집중되는 상태를 말합니다. 남성은 이런 카텍시스가 성적인 것에만 집중되고, 여성을 남성 쾌락의 대상물로만 사유하기 때문에 남녀 관계에서는 정신적, 정서적, 인격적, 대화적 차원이 사실 불가능한 것이죠. 멀쩡해 보이는 남자도 끼리끼리 모이면 여성을 성적으로 모욕하고 희화화하면서 다른 목소리를 전혀 내지 못하는 이유입니다. 이것은 또한 강력한 남성 동성사회에서 살아남는 남성성의 각본입니다.

한편 한국 남성의 카텍시스는 산업적으로 장려되고 고착화되었습니다. 군사주의적 발전주의 패러다임을 강조한 박정희 정권 이후, 사회적 긴장, 불안, 갈등을 해소하는 방편으로 카텍시스로서의 성산업이 육성되었지요. 일례로 1975년에 「영자의 전성시대」라는 영화가 제작되어 큰 인기를 끈 뒤, 소위 유흥업이나 성산업에 종사하는 여성들을 '가장 평균적이고 순애보적인' 여성으로 그려내는 영화들이 우후죽순 나왔습니다. 여성의 몸을 착취하여 대규모 잉여를 생산하는 성산업을 안착시키기 위해 여성의 빈곤과 열악한 노동 조건을 단순한 개인적 불운으로, 남성의 성구매를 남성의 낭만과 성장 서사로 재현하는 영화가 대규모로 만들어진 것입니다. 이런 대중문화 상품이 반영하듯 실제로 이

「영자의 전성시대」는 성구매를 남성의 낭만과 성장 서사로 재현하는 영화이자
여성 수난사를 재현하는 영화의 원조 격이라 할 만하다.

시기에 성산업이 조직적으로 확장되었고, 성구매는 도시 공간의 다양한 남성들에게 제공된 사랑, 성, 낭만으로 비춰졌습니다. 때로는 성구매를 하면서 여성을 위로하고 '구원'하는 작은 영웅이 되기도 하고요. 실로 영자의 전성시대가 아닌 성산업의 전성시대였습니다. 결국 섹슈얼리티는 인격, 감정, 책임감, 소통을 요청하는 총체적인 인식이며 행동이라기보다는 낮은 수준의 리비도적 집착, 성기 중심주의로 이해되고, 이것이 관심이나 사랑이라는 의미로 변형되어버립니다.

이런 카텍시스는 현재 디지털 영역의 리비도 산업으로 연결됩니다. 강력한 남성 동성사회의 남성들에게는 결국 두 부류의 여성성만이 존재하게 되는데요. 민족주의적 혈통과 자기 종족의 보존을 위한 임신 및 출산 행위 외의 섹슈얼리티가 허용되지 않는 비성애화된 부인, 아니면 리비도적 쾌락의 대상으로서 '아무개'인 여성입니다. 수많은 여성을 동료로 맞이해도 여성관은 크게 변화하지 않는 것이 문제입니다. 정리해보면, 한국의 초남성주의적 발전주의 국가 패러다임은 남성이 임금노동, 즉 '근로'를 통해서만 남성성을 획득할 수 있고, 그 과정에서 겪는 억압, 통제, 모욕, 스트레스는 여성의 성적 대상화를 통해 풀어내도록 하는 사회적 각본을 고착시켰습니다.

남성이 권력, 부, 지위를 독점하는 사회일수록 '동성사회적 규약으로서의 남성성'은 강화됩니다. 자신의 신분을 입증하기 위해 다른 남성들의 인정을 끊임없이 추구하는 것은 그만큼 남성과의 연대를 통해서만 자원에 접근하거나 권력을 공유할 수 있다고 믿기 때문입니다. 사회학자 마이클 킴멜(Michael S. Kimmel)은 여성이 이런 남성들 간의 관계를 강화하는 데 필요한 매개체나 교환물로 기능한다고 말합니다. 남성들은 여성을 차지하기 위한 경쟁자로서 친밀한 연대를 구성해가고, 이런 남성들 간의 친밀성은 자신이 선택한 '실재하는 여성'에 대한 사랑보다 강력합니다.[21] 한국 남성들은 평생 일터나 사회에서 동성인 남성과 너무 많은 시간을 함께 보냅니다. 다른 남자와 붙어 있지 않으면, 근로 능력을 상실할까 두려워하고, 도태되지 않을지 불안해합니다. 자원과 정보가 남자에게만 있다고 간주하는 착각에도

21— Michael S. Kimmel, *The Gender of Desire: Essays on Male Sexuality*(State University of New York Press, 1994).

빠지지요. 이러다 보니 동시대 여성들과 대화하고, 배우고, 사랑하고, 존중하고, 새로운 세상을 만들어가는 감성과 능력을 상실해갑니다. 최근에는 한국 사회가 상당히 민주화되면서 이런 집단주의적 남성 동성사회에서 이탈하는 남성들이 증가하고 있기도 합니다. 이런 남성들이 주류가 되는 날이 곧 올까요? 아직은 의혹투성이입니다.

'좋은 일자리'라는 불가능한 프로젝트

시간의 재배열을 다루면서 청년의 상황을 말하지 않을 수가 없네요. 수많은 청장년이 일자리를 얻기 위한 자격증 취득, 시험 준비, 외국어 공부, 외모 가꾸기 등에 엄청난 시간을 쓰고 있지요. 가이 스탠딩(Guy Standing)은 이런 일을 '노동을 위해 해야 하는 일(work-for-labor)'의 일부로 간주합니다.[22] 실제 임금노동에 들어가기 전에 하는 취업 준비

22— 가이 스탠딩, 김태호 옮김, 『프레카리아트, 새로운 위험한 계급』(박종철출판사, 2014).

나, 취업 후 하게 되는 각종 잡일 등을 의미하는 말입니다. 대학 입학부터 취직 준비 기간 내내 취준생의 사교육비에는 자기소개서 준비비, 각종 자격증 취득 비용, 외국어 교육 및 시험 비용, 면접 준비비, 학원비 등이 포함되고, 이 사교육비 가 연평균 342만 7960원에 달합니다. 1년에 영어 회화를 위한 학원비, 과외비 등에 연평균 61만 3672원을 쓰고, 1회 수험료가 4만 원대인 토익, 급수에 따라 최대 10만 원대에 이르는 중국한어수평고시 등 어학 시험 응시료에 연간 53만 6380원을 썼으며, 디자인 등 직업훈련 교육에 51만 2839원, 자기소개서 첨삭이나 컨설팅에 41만 3289원, 각종 자격증 준비에 38만 4840원이 들었다고 해요.[23] 대학교에 입학할 때까지 쓴 사교육비보다 대학 재학 중에 혹은 졸업하고 나서 쓰는 돈이 더 많습니다.[24] 더군다나 취업 재수생의 수가 축적되면서 경쟁은 더욱 치열해지고 준비 기간은 계속 연장되는 추세입니다.

23— 문수정, 「취준생 사교육비 연 평균 342만원」, 《국민일보》(2018년 10월 29일 자), news.kmib.co.kr/article/view.asp?arcid=0924025864& code=11131100&sid1=yeo.

결국 중산층은 자기 자녀의 성인기, 즉 자신의 노후 대비나 근로주의에서 벗어나기 위해서 가장 중요하게 자본을 축적해야 하는 시기에 자녀의 근로주의를 실현시키는 데 소득과 자산을 대부분 투자하게 됩니다. 자녀를 고임금노동에 진입시키고자 막대한 돈과 시간을 집중 투여하죠. 돈도 돈이지만, 가장 큰 문제는 취업 준비를 위한 시간, 근로주의의 연장선상에서 성실함을 보여주는 시간의 의미입니다. 일종의 대규모의 '잃어버린 시간'이라 할 수 있지요. 분명 구조적으로 불가능한 과제를 근로주의와 발전주의 이데올로기 그리고 신자유주의적 자기 계발과 경쟁으로 해결하겠다고 무모하게 나서는 셈입니다.

각 기관에서 말하는 '좋은 일자리'의 기준을 한번 살펴볼까요? 교육 운동 단체인 사교육걱정없는세상에

24— 초중고교 학생에게 지출되는 학원, 과외, 학습지, 인터넷 강의 등의 수강료를 '사교육비'로 규정한다. 교육부와 통계청에서 2016년 실시한 조사에서 우리나라 초중고 가정의 사교육비 총규모는 약 18조 1000억 원으로, 2015년과 비교해 2300억 원(1.3퍼센트)이 증가했다. '학생 1인당 월평균 사교육비'도 25만 6000원으로 조사돼 역대 최고치를 기록했다. 김미향, 「사교육비 1인당 25만6천원 역대최고… 고소득−저소득층 격차 9배」, 《한겨레》(2017년 3월 14일 자), www.hani.co.kr/arti/society/schooling/786392.html#csidx2f8438a777c2ae4a239110ac32c4469.

서 발행한 자료 중에서 제가 자주 인용하는 내용입니다. 한국의 근로주의 원칙에 입각한 소위 좋은(good) 일자리, 좋은 사람, 좋은 시민이라는 각본에 경제 중심 노동관이 얼마나 깊이 고착되어 있는지를 한눈에 볼 수 있습니다. 국제노동기구(ILO)의 좋은 일자리 개념은 이렇습니다. "자유, 공평, 안전, 인간의 존엄성이란 조건에서 남성과 여성 모두 사회적 기준에 맞는 생산적 노동을 획득할 수 있는 기회를 줄 수 있는 일자리."[25] 우리 사회의 경제정책을 활발히 내놓는 삼성경제연구소의 정의는, "명목임금 기준 전체 평균임금 수준을 상회하는 산업 부문에서 창출되는 일자리"입니다. 삼성의 임금 수준이 높잖아요? 그러니 삼성경제연구소에서 내놓은 개념에는 공평이나 안전 같은 가치는 전혀 담겨 있지

25— 1. 생산적이며 공정한 소득을 제공하는 일에 대한 기회. 2. 근무 안전과 가족에 대한 사회적인 보호. 3. 자기 계발과 사회 통합에 대한 더 좋은 전망. 4. 표현의 자유 및 자신에게 영향을 미치는 결정들을 계획하고 그것에 참여할 수 있는 자유. 5. 모든 사람들에게 주어지는 기회와 대우의 균등. www.ilo.org/global/topics/decent-work/lang--en/index.htm 참고.
ILO에서 말하는 양질의 일자리(decent work) 개념은 위와 같은 가치를 포함한 개념이다. 좋은(good) 일자리나 직업은 임금, 보장성, 심리적인 차원에서 안정성을 제공하는 일을 의미하며 규정하는 기관이나 사람에 따라 다르다.

않고, 핵심은 임금 수준이 높은지 낮은지 여부입니다. 그리고 경영자총협회의 정의를 보면, 좋은 일자리는 "정규직이면서, 임금이 평균치보다 약 20% 더 높은 일자리"를 의미합니다. 명쾌해서 좋다고 할까요.(웃음) 더 기가 막힌 건 국책연구원입니다. 한국개발연구원의 기준은 "30대 대기업, 공기업, 금융업"입니다. 교육과 일자리의 연속성을 고민해야 하는 기관인 한국교육개발원의 정의는 더욱 놀랍게도 "고등교육기관 졸업자 취업통계조사에서 '정규직 대기업 취업자'에 포함되는 자"라고 쓰고 있습니다.[26] 사교육걱정없는세상 송인수 전 대표는 고등학교 졸업자 서른 명 중 한 명만 대기업 정규직이나 전문직 등 '좋은 일자리'에 들어갈 수 있다는 사실을 지적하며, 한 반에서 1등을 제외한 나머지를 다 낙오자로 만드는 우리 사회가 교육과 일의 가치를 바꿔내야 한다고 주장합니다.

앞서 여러 기관들이 내놓은 개념에서 보았듯

26— 박상현, 「대졸 청년층의 괜찮은 일자리(Decent Job)에 대한 실증적 분석 및 정책과제」, 《2017 고용패널조사 학술대회 자료집》(2017), 670쪽에서 재인용.

우리 사회가 좋은 일자리라고 부르는 직업에 의사, 변호사 등으로 대표되는 전문직 일자리를 다 포함시키면 약 2만 개입니다. 매해 대학을 졸업하는 50~54만 명의 청년들 가운데 누군가는 그 2만 개의 일자리를 차지하겠죠. 매년 48~52만 명은 부모나 사회가 상상하는 소위 좋은 일자리를 얻고자 '취업 준비용' 일에 인생의 더욱 많은 시간을 투여해야 합니다. 임금노동 시장에 들어가기 위한 자격 노동에 오랜 시간을 투여하는 것은 불가능한 것을 가능하다고 부추기며, 성공은 모두 개인의 노력 여하에 달려 있다고 최면을 거는 행위를 동반합니다. 그러므로 현재의 좋은 일자리 개념은 평범한 사람이 누릴 수 있는 '행복'이 어떻게 어린 시절부터 지속적으로 빼앗겨왔는가를 질문하는 것이기도 합니다.[27]

취준생 혹은 좋은 일자리가 아닌 일자리를 찾아간 청년의 95퍼센트를 '루저'로 낙인찍고 싶어 하는 공격

27— 송인수, 「좋은 일자리의 기준을 바꿔라」, 《시사인》 제301호(2013년 06월 26일 자), www.sisain.co.kr/?mod=news&act=articleView&idx no=16837.

적 심리가 가족, 친구, 이웃, 미디어에 팽배하고, 그것을 내면화한 청년의 불안과 우울은 심각한 수준입니다. 아무리 청년실업이 심각해도 이런 말들을 하죠. "그래도 내 친구들 자식은 다 가더라! 노력만 하면 안 되는 게 어디 있니? 엄마 아빠는 가난해도 부모 탓 안 하고 대학 갔다. 넌 어릴 때부터 그렇게 투자를 받고도 왜 못하냐? 너 하나 공부할 돈 못 대주겠니? 몸이 부서져라 할 수 있어." 부모 세대나 여론을 이끄는 사람들, 국가 정책가 등이 여전히 예전과 같은 이런 패러다임을 고수하고 근로주의, 대기업 중심주의, 초남성적 발전주의에 기반을 둔 일자리 개념을 가지고 있다면, 미래나 변화를 이야기하기 어려울 것입니다.

탈노동사회를 위한 논의:
반소비 문화와 가족의 민주화

탈노동사회에 대한 논의가 점차 활발해지고 있습니다. 노동을 하지 말자는 게 아닙니다. 일터에 나가 사람들을 만나고, 생계와 생존을 위해 돈을 버는 일은 필요하죠. 탈노동사회의 핵심은, 내가 어떻게 자원 약탈이나 생태계 파괴를 조장하는 소비자본주의에 붙들리지 않으면서 경제적 생존, 자기 돌봄, 타자에 대한 돌봄, 자연과의 공존을 실현할 수 있을까를 고민하는 것입니다. 요즘 '나만 힘들다/나도 힘들다.'의 정서가 심화되면서 다들 '돌봄'을 얘기하면 알레르기 반응을 일으키지만, 자신에게나 타자에게나 돌봄은 필요합니다. 좋은 삶이란 요컨대 일과 삶의 선순환 체제에서 나의 능동성을 회복할 수 있느냐의 문제예요. 어떻게 내가 결정하고, 내가 조절하고, 내가 나의 품위(decency)를 지켜나갈 것인가? 다시 말해 근로주의와 초남성적 발전주의에 빼앗긴 우리의 시간과 정서를 회복하자는 것입니다. 이런 맥락에서 최근 등장하는 탈노동사회 논의와 운동의 사례를 잠깐 소개해드리려 합니다.

먼저 자본주의 대항운동으로 활발히 일어나고 있는 반소비 운동, DIY(Do it yourself) 운동과 슬로라이프 운동 등이 있습니다. 슬로라이프 운동은 나와 지구를 위한 시간을 회복하기 위해 속도를 줄이는 운동입니다. 어느 순간 내 공간이 소비로 채워져 물건을 모시고 살게 됐고, 내가 이렇게 노동을 많이 하는 이유가 소비를 너무 많이 하는 것임을 깨닫는 데서 시작됩니다. 타율적인 임금노동을 하면 너무 지치잖아요. 그러면 '내가 14시간씩 일하는데 제빵기도 못 사냐.'라면서 회복을 위한 소비를 하게 되죠.(웃음) 그렇게 제빵기도 사고, 스트레스 해소용 발 패치도 사다가 적자가 나고, 적자를 메우기 위해서 과노동을 하게 되는 흐름입니다. 슬로라이프는 시간과 공간에 조금 거리 두기를 하고 방향을 반(反)소비적인 문화로 틀어보려는 운동입니다. 그래서 DIY를 중요시합니다. 음식이나 가구를 DIY로 만들거나, 아니면 아이들에게 입시 공부 대신에 시간이 걸리더라도 강력한 깨달음을 얻을 수 있도록 철학 공부를 시키면서 좋은 학습의 개념을 고민하기도 합니다. 한국 학생들은 문제풀이 잘 하기로 소문이 났잖아요. 그렇지만 가령 30분 안에 50문제씩 정확하게 빨리 푸는 사교육의 반복 훈련은 자기 자신과 인간에 대해 깨닫게 해주는 게 거의 없습니다. 소비자본주의 사회에서 모든 사회적 관계는 '물질적 과정'입니다. 만나면 밥 사 먹고 영화 보고 모텔 가고, 생일이면 과하게 먹고 포장 과한 선물을 주고받고, 물적 회로망을 순환하지요. 슬로라이프 운동은 삶에는 결과가 아닌 과정이 필요하다고 주장합니다. 거기에는 우리 삶이 어떻게 타자와 자연을 착취하며 이뤄지는가를 심각하게 고민하고, 조절과 통제를 해나가는 성숙함을 갖추자는 문제의식이 담겨 있습니다.

다음으로 가족의 민주화와 성평등입니다. 가족이 민주화되어야 하는 것은, 결국 마지막 식민지는 여성이기 때문입니다. 사회 민주화를 통해 여성들이 정치적 권리와 발언권을 갖는다 해도 사적 영역에서 진정한 해방이 이뤄지지 않고서는 여성 문제가 근본적으로 해결되지 않습니다. 초남성적 발전주의 패러다임과 근로주의하에서는 여성의 수많은 노동이 무임으로 이뤄졌습니다. 여성들 또한 가족 경영이 국가 발전에 이바지한다는 의식이 강해서 가사, 의식주, 돌봄 등의 노동을 무리하게 감당해냈고요. 당연히 시간 압박에 시달리고 불만이 쌓이겠지요. 그래도 자신의 배우자, 파트너, 자식, 가족에게 이런 노동을 '분배'하지 않고 훈련시키지도 않습니다. 여기서 중요한 것은 '가족'이 자연적인 소속의 단위가 아니라, 세대 간 노동과 감정의 불균형

한 교환, 또는 젠더 위계를 통한 노동 착취를 가능케 하는 일종의 시간 체제의 기관(institution)이라는 점입니다. 이것을 이해해보면, 가족 내 민주화와 성평등 없이는 내 일상의 재배열도 없다는 것에 공감하실 겁니다.

가족 내 민주화나 성평등을 이루지 못하면, 여성들 스스로가 여성이라는 자신의 자원을 남용하면서, 변화하지 못하는 남성들을 양산하는 것을 방관하고 적극적으로 도와주는 셈이 됩니다. 마찬가지로 어떤 어머니들은 잘못 해석된 페미니즘을 들먹이며, 딸에게 물 한 방울 안 묻히게 하는 것이 성평등이라 주장하기도 하죠. 그 결과 자신이 먹을 밥도 지을 줄 모르고 자기 앞가림도 못 하는 하향 평준화된 성인 남녀가 양산됩니다. 자기 돌봄을 할 줄 알아야 다른 사람과의 관계에서 협동적 자아를 발휘할 수 있습니다. 끝없이 다른 사람의 감정과 신체를 소비하고, 교육을 투자가치로 대상화하며, 소비자의 권리와 자격만을 주장하는 삶의 방식에서 얼른 이동해야 합니다.

대안 가족도 마찬가지입니다. 예를 들어 퀴어 가족이라고 해도 가사노동을 구성원 한쪽이 전부 떠안아야 한다면 대안 가족이라고 보기 어려워요. 가족의 민주화란 가족 구성에 필요한 다양한 노동을 어떻게 공유·협력·학습해서 가족 만들기와 가족 유지의 기술들을 발전시켜가는가의 문제입니다. 이런 문제에 대한 고민이 부재한데도 이성애 커플이 아니라고 해서, 여자끼리 산다고 해서 가족의 민주화가 자동적으로 얻어지지 않습니다. 물론 젠더 불평등이 상대적으로 약하기는 하겠지만 말입니다.

일-돌봄의 기획

요즈음 북유럽 등에서는 1인 '일-돌봄 시민 (worker-carer) 모델'이 논의되고 있습니다. 여자건 남자건 이성애자건 장애인이건 상관없이 모든 시민이 일도 하고 돌봄도 한다는 뜻입니다. 시민성(citizenship) 모델이 이렇게 바뀌는 건, 시민의 권리와 의무, 소속감에 대해 '우리의 삶은 서로 연결되어 있다.'라고 생각하는 관점과 관련 있습니다. 인간의 삶에는 불규칙적인 일들이 많죠. 파트너가 죽을 수도 있고, 우울증이 올 수도 있고, 아플 수도 있고, 내 아이가 특별한 감정적 돌봄을 필요로 하는 시기가 있을 수도 있습니다. 한국에서는 엄마들이 자녀의 초등학교 입학 무렵부터 일을 관두잖아요. 자녀의 근로주의 원칙을 강화하는 학습을 위해서 여성이 경력을 포기하는 경우가 많다는 뜻입니다.

일-돌봄 모델에서는 일 패러다임과 돌봄 패러다임을 분리된 것으로 보지 않습니다. 예컨대 이 모델에서는 일을 하다가 1년에서 3년까지 돌봄 패러다임으로 전환할 수 있어요. 그 기간을 보내고 돌아와도 절대 엉뚱한 데 배치하거나 해고하지 않고요. 당연히 돌봄은 남자도 할 수 있고, 또 해야 한다는 규정을 강화했습니다. 한국에서는 육아휴직 후 돌아온 사람을 이전 업무와는 상관없는 데 배치해서 알아서 나가라는 메시지를 주는 경우가 많죠. 일-돌봄 시민 모델의 형성은 이런 일을 겪지 않고 누구라도 일과 돌봄의 순환 체제 안에서 생애 과정을 경험할 수 있게끔 합니다. 남성이든 여성이든 일-돌봄 시민이 되어야 하고, 그러기 위한 학습을 평생 해나가는 것을 좋은 시민 되기의 원칙으로 삼는 추세입니다. 이는 기업과 사회가 인생이라는 개인의 시간성에 필요한 요구를 개인이 스스로 관리하는 방식을 적극 지원한다는 의미를 포함합니다. 일-돌봄 시민 모델을 대안적인 모델이라 일컫는 것은 이런 이유 때문이지요. 한국은 돌봄 의무에서 자유로운 남성 근로자를 기준으로, 돌봄을 여성의 일로 보편화하기 때문에 젠더 갈등이 증폭할 수밖에 없습니다. 페미니스트들은 돌봄의 '여성화'에 반대하며, 모든 이가 돌봄 능력을 학습하고 훈련할 수 있는 사회적 환경에서 살아갈 권리를 주장해왔습니다. 이를 위해서는 자본주의와 국가에 의해 빼앗긴 시간을 되찾아야겠습니다.

노동 개념의 재정의와 시간의 재배열

인간 활동의 종류는 굉장히 다양합니다. 그중 어떤 것을 의미 있는 노동으로 부르고, 어떤 것에 시간을 투여하여 자신의 존재성과 능동성을 확보할지를 고민해야 할 것 같습니다. 최근 네오마르크시스트인 앙드레 고르(André Gorz)의 『에콜로지카』를 비롯한 생태경제학이 주목받고 있습니다. 고르는 기본소득의 주창자이기도 한데요, 오늘날 우리는 기본소득을 복지 모델로 보고 있지만, 원래 아이디어는 반자본주의에서 나온 개념입니다. 앙드레 고르는 자본주의가 만들어낸 생산-소비-친밀성 체제에 완벽히 종속되어 폐쇄 회로망에 갇혀 있는 우리의 몸과 정서를 배열하는 방식에 변화가 필요하다고 주장합니다. 예컨대 앞서 살펴본 스티브 커츠의「행복」에 묘사되어 있는 것이 현재 우리가 사는 삶이라고 할 수 있죠. 고르는 인간 노동의 세 가지 차원을 타율노동, 자율노동, 자활노동이라고 불렀습니다. 작고한 생태주의 여성학자 문순홍 선생이 이 개념을 논문에 잘 정리해놓으셨어요.[28]

타율노동은 우리가 익히 알고 있는 사회적 필요에 의해 명령된 노동입니다. 자본이 요구하는 노동을 수행하는 것이죠. 여기엔 선택의 여지가 없습니다. 즉 경제적으로 합리화된 임금노동이 이에 해당합니다.

자율노동은 개인의 욕구와 일치하는, 자발적으

28— 문순홍,「앙드레 고르: 현대 자본주의 비판과 사적 영역의 재탈환 정치」,《문화과학》 제27호(2001년 가을호), 225~244쪽.

로 명령한 활동입니다. 자기 조직화된 자발적 참여에 근거하여 미시사회적 관계망을 만들어내는 노동이지요. NGO 활동이나 마을 활동처럼 관계를 맺고 지역사회를 살려 사회를 유지하는 노동을 일컫는 자율노동은 우연적 만남에 의한 친교와 연대, 쾌락의 가능성을 열어놓는 것입니다. 사람을 만나지 않고 고립되어 있으면 어떻게 사회적 관계를 일궈내겠어요? 우발적 관계망에서 생성되는 우연적인 쾌락이 상당히 강력하거든요. 오늘 여러분도 여기서 슬픈 이야기만 듣다가 어떤 분이랑 갑자기 친해져 새로운 관계를 맺을 수 있습니다. 그렇게 자율적 노동을 할 수 있는 거죠, 바로 지금. 이렇듯 미시적 관계망에 자발적으로 참여하고, 우연성에서 오는 의미 있는 관계, 자발성과 자기 능동성의 회복, 쾌락과 기쁨과 활력을 만들어가는 행위들이 모두 자율노동입니다.

　　마지막으로 자활노동입니다. 먹고 입고 집 관리하고 아이를 길러내는 등 생물학적 존재인 인간의 생존과 성장, 유지에 요구되는 기본적인 일을 말합니다. 그런데 자활노동은 지금 우리가 성해방을 위해서 가장 먼저 안 하기로 작정하는 노동이 되어버렸습니다. 여자라는 이유로 이런 노동을 담당해야 한다는 성역할 규범을 거부하는 의미에서요. 왜냐하면 자활노동은 자본주의 사회에서 경제적 보상이 주어지지 않는 무임노동인 데다, 도덕적 언명까지 부착된 노동이기 때문입니다. '엄마라면, 딸이라면 마땅히 이러해야 한다.'라는 윤리적인 젠더 규범이 덧붙어서 억압적인 노동이 된 것이죠. 그러나 사회혁명을 일으키기 위해서는 이것이 젠더화된 노동이 아니라 누구에게나 인생의 전 생애 과정에서 필요한 노동이라는 것을 배워야 합니다.

자활노동을 제대로 배우지 못한 사람은 민폐를 끼치는 사람이 돼요. 나무 잎사귀를 한 번도 닦아보지 않은 사람이 식물도 숨 쉴 구멍이 필요하다는 걸 어떻게 알까요? "여기 소금 얼마나 넣어?"라고 질문해가면서 협동적으로 집안일을 해보지 않은 사람이 어떻게 다른 사람과 협력할 수 있을까요? 앙드레 고르는 기술 언마와 소통과 사회적 협력이 무엇인지 배우는 데 가장 기초적인 훈련장의 역할을 하는 노동이 자활노동이라고 강조했습니다. 그런데 자활노동을 여자들에게 다 맡겨놨으니 한국 남자들에게 소통 능력이나 협력적 자아가 있겠습니까? '설거지는 잘한다.'는 말을 하며 자부심을 느끼고, "밥 줘." 소리밖에 못 하고요.(일동 웃음) 이런 점에서 가정이 세대혁명, 성혁명의 장소로서 얼마나 중요한지 알 수 있습니다.

게다가 근로주의에 입각해 인간을 사회화하고, 자활노동과 자율노동을 할 시간을 허용하지 않는 한국 사회의 일 중심 문화는 매우 심각한 젠더 불평등을 가속화하고 있습니다. 현재 청년 여성들도 자활노동을 하지 않으려 하지요. 자활노동을 안 하는 게 해방이라는 생각이 퍼지면서 점점 더 많은 시간과 돈과 에너지가 이미 상품화된 음식과 청소 서비스, 세탁 서비스에 쓰이고 있습니다. 그럼으로써 자신의 지위를 보장받는 것처럼 생각하는 상황입니다. 지난 시간에 자활노동의 상품화란 곧 자본주의의 재생산적 전환이라는 이야기를 했습니다. 자활노동을 하지 않겠다고 하면, 수많은 서비스 노동자들의 타율노동을 이용해야만 하는 문제가 발생합니다. 여성이 또 다른 여성을 종속적 형태의 노동으로 몰아넣는다고 볼 수도 있죠. 특별한 경우에 타인의 노동의 도움을 받는 것은 필요합니다. 하지만 이것을 여성 혹은 여성 노동자의 일로 본질화하는 것은 불평등한 것이지요. 그러므로 가사노동을 누가 누구와 어떻게 하느냐, 다시 말해 우리의 시간을 재배열하는 과제는 성혁명의 토대가 된다고 할 수 있습니다.

탈의존을 위한 생계 관점

최근 에코페미니스트들이 말하는 자급 또는 생계 관점(subsistence perspective)은 땅 파고 감자 키워 먹고살자는 주장이 아니라 '관점'을 강조하는 개념입니다. 인간 사회에서 중요한 것이 생계, 즉 먹고사는 일이죠. 이 생계 관점으로 세상을 보자는 주장입니다. 소비에 의존하거나 다른 사람의 노동을 착취하면서 찾는 여유나 행복보다는, 스스로의 삶을 생산하고 재생하며 자기 목소리로 말하는 데서 나오는 의연한 관점으로 세상을 보자는 것입니다. 실질적인 생계수단을 하나라도 더 확보해서 덜 의존적이고 탈의존적인 삶을 사는 것의 의미와 가치를 다룹니다. 또 타인의 노동과 상품에 의지하고 전반적으로 남성 가부장에 기대어 사는 방식이 여성의 삶을 얼마나 굴종적으로 재생산하는가에 관해 논의합니다. 그렇기 때문에 이 관점은 환경 파괴와 노동력 착취를 부추기는 소비주의를 지양하며, 필요한 만큼만 생산하는 인간형을 지향합니다. 이런 말을 하면 부유한 북반구 여성들은 소비자본주의와 전문직 지위를 누리는 해방된 상태에 있어서 자급이나 생계는 남반구 여성의 문제라고 생각하기 쉽지만, 이런 대항적 이분법으로 나뉘지는 것이 아닙니다.

'힐러리에게 암소를'이라는 부제를 지닌 『자급의 삶은 가능한가』에 따르면,[29] '영부인' 시절 힐러리 클린턴이 방글라데시를 방문해 가장 낙후된 농촌 사회의 여성들을 만났습니다. 이들을 구제하고 구원해줘야 할 대상으로 본 만남이었는데, 이 여성들이 힐러리한테 물었다고 합니다. "무슨 일 하세요?" 힐러리가 "미세스 프레지던트예요. 영부인."이라고 대답했더니, 여성들이 너무나 걱정하면서 "당신 어떻게 하냐. '누구의 부인'으로 어떻게 그렇게 의존적으로

29— 마리아 미즈, 베로니카 벤홀트-톰젠, 꿈지모 옮김, 「자급의 삶은 가능한가」(동연, 2013).

사느냐. 아무래도 우리가 힐러리에게 암소 한 마리를 줘야 겠다."라고 했다고 합니다.(웃음) 힐러리에게 생산수단을 줘서 자급 관점, 탈의존적 경향, 여성의 능동적 주체성을 확립해야겠다며, "힐러리에게 암소를!"이라는 말을 한 겁니다.

계급만이 중요한 게 아니죠. 내가 어떤 계급에 속해 있든 간에 내 삶이 얼마나 무언가에, 또 어딘가에 감정적으로나 신체적으로 의존해 있느냐는 것이 문제입니다. 한데 우리의 희망은 언제나 너무 먼 미래에 가 있어요. '꼭 이혼하고 말 거야. 이 남자에게서 벗어나고 말 거야! 자식 놈들 때문에 인생을 다 망쳤다. 이 원수들! 내가 꼭 너네 대학 가면 해방될 거야. 너네 취직하면 해방될 거야! 결혼하면 꼭…….' 도대체 언제?(웃음) 그러니까 우리의 대안적 가능성을 허망한 미래주의의 약속에 걸지 말고, 지금 바로 여기에서 가능한 선택지들을 실험해보사고 제안하는 것입니다. 그러려면 그 실험을 함께 할 수 있는 협력적 공동체를 구성해내는 것이 여성운동의 중요한 어젠다가 되어야 합니다.

이미 삼중 노동에 시달리고 번아웃을 겪는 여성들에게 자율노동, 자활노동을 말하면 의심과 회의를 품습니다. "아니, 또 뭘 하라고요?" 하는 경계심이죠. 중요한 과제는 이동의 방향을 어디로 삼을 것인가입니다. 내 손으로 생산수단을 갖는 것의 문제에서 생산수단이란 이를테면 부동산이 아닙니다. 나의 인지와 세계관, 경험, 능력, 협력과 소통의 기술들을 일컫는 것이지요. 자율노동과 자활노동을 말하는 것은 이런 내면적 생산수단을 공유하면서 탈시장적이고 덜 자본주의화된 자아를 구성하고, 한국 사회의 성차별적인 근로주의에서 벗어날 방법을 고민하자는 제안입니다. 시간 체제에 잡혀 있던 우리 자신과 거리 두기를 하면서 시간의 재배열을 실행함으로써 가족 내 민주주의와 사회적 평등을 이룰 수 있기 때문입니다.

질의응답

Q.   강력한 동성사회성이 유지되는 한국 사회에서 최근 페미니즘 논의가 피해자 주체화에 치중되는 듯합니다. 누가 이 사회에서 가장 억울한 피해자인지를 경쟁하는 방식으로 작동하는 면도 있는 것 같고요.

A.   저는 학교에서 20대를 자주 만나다 보니 학생들의 감정에 많이 이입합니다. 왜 그렇게 절박하게 불안한 감정을 호소하고 자신들이 피해자라고 말하는가 하면, 이들의 경험에서 비롯되는 것입니다. 리비도 경제 안에서는 매우 친밀한 관계를 맺었던 사람이 가해자 혹은 방관자가 되는 경우가 많습니다. 이를테면 대학에서 자주 일어나는 '단톡방(카카오톡 단체 채팅방) 사건'은 채팅방에서 여성의 신체를 희롱하고 비하한 사건으로 의미화됩니다. 이에 대해 기성세대는 "20대의 혈기왕성한 남학생들이 얼마나 이성을 사귀고 싶으면 그러겠어?"라며 사적인 공간에서 분위기에 휩쓸려 나눈 농담 정도로 치부하기도 합니다. 그러나 그런 문제가 아니죠. 가령 수업 전에 발표

준비를 위해 같이 열심히 조별 토론을 했어요. 그러고는 바로 그 수업에 같은 조 여학생이 들어오면 남학생들은 단톡방에서 게임을 합니다. 온라인 게임 하듯이 누가 "가서 말 걸어." 하면 그중 하나가 "너 오늘 왜 이렇게 예뻐?"라고 말을 겁니다. 여학생은 같은 조원, 동기, 친구니까 웃으면서 답해주죠. 그때 남학생들은 단톡방에서 "저 ×× 웃는 거 봐라."라고 욕을 한 후에 "쏴!" 이럽니다. 포르노물에서 남성이 여성의 가슴 사이에 정액을 뿌릴 때를 일컫는 속어를 말하면서 킬킬거립니다. 그 여성의 신체를 누구도 만지지 않았지만, 감정적으로 느끼고 공유하는 쾌감은 포르노그래피를 볼 때만큼이나 강합니다.

여학생들은 이런 일을 접하는 동시에 화장실에 가니 문 여기저기 구멍이 뚫려 있는 것을 목격합니다. 너무 가까운 곳에 적이 있는 느낌이죠. 예전에는 일부 일탈적 개인만 이런 일을 하리라고 생각했잖아요. 그런데 그게 아니라 수업이나 모임에서 친여성적이고 바른 말도 잘하고 민주적이던 학생들이 카톡방에서는 그런 폭력을 조장하거나 그에 참여합니다. 늘 내 주변에 있는 사람이 어떤 행동을 하는지 알 수 없을 때에 더 불안하겠지요. 20대 여성들은 학교 화장실, 식당, 도서관, 전공 수업, 엠티에서 불법촬영을 당하는 경험을 직간접적으로 하면서 누구라도 공격에 노출될 수 있다는 불안과 공포감이 굉장히 가속됩니다. 실제 일어나는 행위보다 불안감이 더 높아질 밖에요. 화장실을 전수조사해서 카메라가 안 나와도 안심할 수 없어요. 이것이 바로 현재 20대 여성들이 느끼는 불안의 핵심적인 상황입니다. 이러한 이들의 감정 상태를 전적으로 이해하고 공감합니다.

다만 불법촬영이 근절된다고 해서 다른 사회 구조적 불평등과 젠더 차별도 해결되는 것은 아닙니다. 그렇기 때문에 다양한 사회적 약자들이 경험하는 교차적 억압에 놓여 있는 사람들에게 공감할 필요가 있다고 생각합니다. 자기 피해와 자기 불안이 너무 강해서 다른 형태의 차별에 대한 감각을 끊어버리겠다고 결심하는 행위는 페미니즘적이지 않죠. 빠른 시간 내에 구체적인 결과를 얻어내야 하고, 여성들의 고통이 너무 절박하기 때문이라고 주장하지만, 그 과정에서 다른 사회적 약자들에게 가해지는 조롱이나 비하가 남성의 폭력을 닮아 있어서 그에 동의하기 어렵습니다. 젠더 개념을 폐기하고 다시 생물학적 성차에 의거하자는 본질주의적인 정치는 그 선명성 때문에 현재로선 지지자가 많을 수 있습니다. 하지만 가부장제가 이성애 중심주의라는 '자연스러운' 질서로 그 거대한 권력을 지속해왔다고 볼 때, 젠더, 성적 지향, 계급, 인종 등 복합적인 권력에 의해 배열된 존재들 간의 연결성도 페미니즘 정치에서 중요하다고 봅니다.

'불편한 용기'라는 직접행동주의 · 당사자성의 한계와 가능성 · 소비를 통한 정치 참여 · 다양한 미래주의의 협박들 · 디지털 미래주의: 삭제되는 생명과 삶 · 재생산적 미래주의: 아이가 우리의 미래다 · 포스트 휴먼 미래주의: 무용한 인간 · 불안과 거리 두기를 위한 라이프스타일 · 진보의 의미를 묻다 · 여성의 신체라는 희생 제물 · 자율의 의미: 사회적 연대, 자기 조직화, 관계성 · 먹고살기의 감각 · 페미니스트 '라이프스타일' · 이동의 기술들

3강   위치 이동을 위한 사유들

요즘 '정치가 연성화된다.'라는 말을 많이 들어 보셨지요? 정치가 더 이상 엘리트 중심주의나 관료제, 법에 의해서만 이뤄지는 것이 아니라, 우리의 생활 감각과 태도를 바꿔내는 것으로 변화한다는 뜻입니다. 이런 변화는 소비자 본주의가 심화하면서 개인이 '소비자'의 취향으로 정치적 선택을 한다는 것을 의미합니다. 취향과 정치가 연결되기도 하죠. 누구의 팬으로 '입덕'한 후 디지털 공간에서 서로의 삶을 관찰하고 목격하다 보면, 모방과 전염 효과가 나타나 어느새 거대한 움직임이나 운동이 되기도 하듯이 말입니다.

최근 연애나 섹슈얼리티 관련 이슈들이 '정치적 담론장'에 들어오면서, 시시콜콜한 개인사를 듣는 것에 익숙해지고 있습니다. 누가 누구와 사귄다더라, 성관계를 했다더라 등의 사생활 폭로가 대중의 도덕, 윤리, 공평의 감각을 건드려 큰 '사건'이 되지요. 누군가의 사적인 경험이 정치적이고 개혁적인 변화를 이끌어내기도 합니다. '미투'가 대표적인 사례죠. 그런데도 여전히 '정치'는 이성, 합리, 공공, 남자의 영역이고, 사적인 것은 여성적, 감정적, 일시적인 것, 사소한 것이라고 여기는 경향이 있습니다.

정치의 연성화라는 현상은 게르하르트 슐체(Gerhard Schulze)가 개념화한 '체험사회'와 관계 있습니다. 자본주의가 심화된 후기 근대의 개인들은 체험 지향적인 생활양식을 통해 '아름답고, 재미있고, 주관적으로 보람 있다고 느껴지는 삶'을 만들어가고자 합니다.[30] 체험 지향적이라는 말은 감성이나 정동이 느껴지지 않으면 그것이 옳고 정의로운 일이래도 쉽게 참여하지 않는다는 뜻입니다. 그렇다보니 사회운동 역시 참여를 이끌어내기 위해서 모든 것을 '체험 가능한 방식이나 소비 장소'로 구성해야 합니다. 운동이 그처럼 시장적 방식으로 변하면서 소비가 정치의식을 표

30— 유베 쉬만크, 우테 폴크만, 김기범 외 옮김, 「현대사회를 진단한다」(논형, 2011).

현하는 방법이 되고, 돈을 통한 거래 또한 증대됩니다.

또 다른 변화는 직접행동주의의 출현입니다. 직접행동주의는 기성 정치나 제도권을 통한 정치보다는 '내가 내 손으로 이뤄내는 변화'가 의미 있다고 여기며 그것을 추구합니다. 그만큼 기성 정치에 대한 신뢰가 떨어졌다는 것을 반영하죠. 페미니즘 운동도 예외일 수 없습니다. 최근 우리가 목격한 페미니즘의 대중화는 사적이고 개인적인 폭력 경험이 공적이고 정치적인 이슈라는 점에, 이런 경험이 어떤 고통인지에 공감하는 많은 여성들이 목소리를 냈기 때문에 가능했습니다. 한편 한국 페미니즘 운동이 '시장'과 결합하고 물건을 사 모으는 컬렉션 문화를 수용하는 현상이나, 소수의 명망가나 단체로 대리·대표되는 정치가 아닌 직접행동주의로 이동하는 현상은 전 지구적인 흐름이기도 합니다.

저는 이번 강의에서 라이프스타일로서의 페미니즘이라는 개념을 경유해서 '페미니스트 되기'와 '그 자리에 늘 남아 있기'의 의미에 대해 이야기 나누고자 합니다. 여기에는 일시적인 체험이 아닌 삶의 태도와 가치의 통합을 이뤄나가는 일, 소비를 통해 정치가 실현된다는 믿음과 거리 두는 일 그리고 '우리가 우리를 대표한다.'라는 말 속에 담긴 '우리'의 폐쇄성 등에 관한 고민도 담겨 있습니다. 페미니스트로 살기는 왜 쉽고도 어려운지, 여성을 겁박하는 사회적 담론과 구조는 왜 우리를 지속적인 불안에 놓이게 하는지를 질문해보고자 합니다. 또한 '통합된 자아'를 구성하면서 살아가고 싶어 하는 여성들을 자기 삶에 안착하지 못하게 하는 불평등한 사회 분위기를 다뤄보려고 합니다. 라이프스타일로서의 페미니즘을 고민하는 일은 장기적인 삶의 태도로서 그리고 '살아냄' 혹은 사는 방식으로서 페미니즘의 가능성과 실현 방법을 묻고 구하는 것입니다. 점점 자기 세대를 넘어 상상하기 어려워지는 때, 페미니스트 간의 소통도 어려워지고 있지요. 이런 가운데 현재 우리가 목격하고 있는 페미니즘 운동에 대해 이야기함으로써 생활 방식 혹은 라이프스타일로서 페미니즘의 의미가 좀 더 명료해지기를 기대합니다.

'불편한 용기'라는 직접행동주의

저기 먼 곳의 엘리트나 리더의 말이 아니라, 내가 직접 느끼고, 경험하고, 참여하면서 깨닫는 인식은 정말 중요합니다. 자기 손으로 이루어낸 일은 의미 있고 보람되는 만큼 소속감도 더 깊어지게 합니다. 저는 최근의 페미니즘 대중화가 많은 여성들에게 이런 감정을 일깨우고 있다고 생각합니다.

2018년 수만 명의 젊은 여성들을 거리로 나오게 했던 혜화역 시위가 직접행동주의의 한 사례입니다. 소위 몰카, 즉 불법촬영을 한 사람을 엄중히 처벌하고 경찰이 편파수사를 하지 말아야 함을 주장하는 시위였죠. 이런 거대한 흐름을 끌어내는 데는 메갈리아, 강남역 여성혐오 범죄 등의 사건으로 이어지는 일련의 집단적 의식화가 존재했습니다. 이에 대해 한 50대 페미니스트는 과거에는 호주제 폐지처럼 법제도를 바꾸는 운동을 했던 데 비해, 현재 여성들의 운동은 왜 그런 지극히 '개인적인' 이슈에 분노하는지 의아해하더라고요. 불법촬영 카메라에 덜 노출되고 관련 사건에 대한 정보를 덜 접하게 되는 40대 이상 여성들은 10~30대 여성들이 과도한 불안을 느낀다고 생각하기도 합니다. 모든 여성의 삶을 제한하는 공통적 차별이 페미니스트 운동의 이슈가 되어야 하고, 그에 대한 해결은 법과 제도의 개선이라고 믿었던 이들에게 불법촬영 반대와 편파수사 규탄시위는 체험적인 이슈가 아닐 수도 있겠지요. 불법촬영물, 합성·편집물 등 디지털 성범죄물로 쉽게 유통될 수 있는 몸을 가진 여성과 유통될 가능성이 적은 여성이 이 문제를 체감하는 정도가 다르겠지만, 우리 사회가 여성이란 범주를 어떻게 상상하고 이용하는가 하는 측면에서는 함께 싸워야 할 중요한 이슈입니다. 불안에 대한 감각은 실제로 위험이 얼마나 자주 발생하는가의 문제이기도 하지만, 특정한 역사적 맥락에서 그 위험이 어떤 방식으로 감정적으로 인지되는가의 문제이기도 합니다.

저도 페미니스트 학자지만 처음에는 화장실에 갈 때마다 휴지로 모든 구멍과 틈을 막고 얼굴을 책으로 가린다는 학생의 말을 듣고 너무 과장된 위험 감각이 아닌가 생각했습니다. 강남역 여성혐오 살인 사건 이후 공중화장실을 이용하는 것도, 밤에 집에 가는 길도 너무 두렵다는 말을 들으면. 상황이 이해가 가면서도 그 공포의 감각이 오히려 여성들을 지나치게 불안감에 시달리게 하는 측면에 대한 고민이었습니다. 도시는 24시간 생산-소비 체제로 변화하고 있고, 많은 여성들 또한 밤이나 새벽까지 일하는 직장에서 일하고 있고, 저도 늘 야심한 밤에 퇴근하는 편인데요. 어떤 면에서는 시공간에 대한 가부장적 제약을 뛰어넘어 '여성은 언제 어디에나 있을 수 있다.'는 무형의 권리를 어렵게 획득했는데, 여성들이 다시금 '안전한' 공간과 '안전한' 시간대로 회귀하게 하는 심리를 조성하는 것이 아닌가 하는 염려가 들었던 것입니다. 그런 점에서 안전에 대한 너무 높은 경각심이 여성을 위축시키는 듯싶기도 했고요. 하지만 어떤 여성의 몸이 가장 치명적이고 취약한 착취의 자원이 되고 있느냐는 측면에서 생각해보면, 한국 청년 여성들의 불안 그리고 이런 걱정을 하고 살아야 하는 이들의 위치에 너무 공감되기도 합니다. 한편으로 이것이 젊은 여성의 문제만은 아닙니다. 나이가 들수록 나이와 젠더의 이중적 무권력 상태에 빠지는 노년 여성은 쉽게 폭력의 대상이 됩니다.

한동안 노인 여성들 사이에서는 '살해당할 수 있으니 절대 금목걸이나 금반지 끼고 밖에 나가지 마라.'라는 말이 있기도 했지요.

여성들을 페미니즘의 외침으로 이끈 디지털 성폭력의 문제는, 21세기 디지털 테크놀로지가 누구 손에 들어가 어떤 목적으로 사용되는가에 따라 더욱 정교하고 악질적인 성폭력에 기반을 둔 자본주의의 확장에 쓰일 수 있다는 것이 핵심입니다. 모든 여성이 일종의 이미지 데이터, 수치, 코드로 전환되어 인격이나 생명도 없는 존재처럼 취급됩니다. 디지털 남성 리비도 경제 안에서는 성관계하는 여자 친구, 목욕하는 누나, 숙제 검사하는 선생님 등의 불법 촬영물과 특정 여성의 정강이, 목덜미, 입술 등의 이미지 하나하나가 데이터로 다른 이미지들과 결합되어 '일반 포르노'라는 장르로 유통됩니다. 이는 각종 포털 사이트에서 '문화 콘텐츠'라는 이름으로 자리를 마련해주고, 웹하드 등의 사업자들이 양산되며, 개인 간의 거래도 거대한 규모로 이뤄지고 있는 수익성이 높은 사업 영역입니다. 제작 및 유통한 몇몇 개인만 잡아서는 해결되지 않는 문제이고, 우리가 그렇게 자랑스럽게 여기는 IT 기업에 대한 감시와 사업 재편을 요구해야 하는 일입니다. 여성혐오적 웹툰으로 이런 소위 '미래 선도적' 기업들이 벌어들이는 수익은 얼마나 막대합니까? 여성의 신체가 데이터로 유통되는 사회에서 살아간다는 것은 어디서든 보이지 않는 누군가에 의해 폭력이 일어나고 있다는 말입니다. 이런 사회는 여성들에게 화장실, 학교, 거리 그리고 집 또한 위험한 장소라는 생각을 갖게 합니다. 여성의 집단적 불안을 야기하면서 집요한 방식으로 통제할 뿐 아니라, 여성이나 어린이를 '그것'이라 부르면서 성적 대상으로 박제하여 영구적으로 소유하고, 교환하고, 돈을 버는 것이 합법적 사업은 될 수 없어야겠지요. 게다가 IT 강국의 주력 사업으로 칭송되고, 그 결과물이 문화 콘텐츠, 창작물, 기술 혁신적 동영상이라 불려서는 안 되겠습니다. 이런 폭력 및 착취물을 교환하면서 '연대의 느낌'을 갖는 것은 가장 퇴행적인 동시에 가장 강력한 가부장적 권력과 다름없을 것입니다.

이런 연대로부터 '손절'하는 남성들도 증가했습니다만, 문제는 이런 디지털 성범죄물이 일부 남성들의 단순

2018년 7월 7일 서울 혜화역 인근에서 열린 불법촬영 편파수사
규탄시위에서 구호를 외치고 있는 참가자들의 모습.

한 성적 호기심이나 돈 욕심에 의해 제작되고 유통될 뿐이
아니라는 점입니다. 이것은 나아가 법적, 제도적 승인을 받아
빠른 시간 내에 자본 축적이 가능한 '비즈니스 모델'로 정상화
되었습니다. 미국의 경우 과거에는 불법이었던 포르노그래피
제작 및 유통을 '돌봄 산업'으로 규정하면서 정상화하고 있습
니다.[31] 디지털 리비도 경제라는 수익 모델은 지속적으로 새
로운 상품을 개발하고 유통합니다. 그 모델에 따라 불법촬

31— 김현미, 「디지털 포르노그라피: '성적 억압'인가, '문화 산업'인가?」,
《파라 21》 제7집(2004), 331~342쪽.

영으로 생산한 이미지들이 '일반 포르노'나 '국산 포르노'로 불리는 불법영상물로 합성·제작되고 유통되고 있습니다.

운동의 방식도 크게 달라지고 있습니다. 2018년에 '불편한 용기'라는 이름의 불법촬영 편파수사 규탄시위가 여러 차례 열렸지요. 혜화역이나 광화문 시위에는 수만 명이라는 이례적으로 많은 인원이 모였습니다. 예전의 운동 방식이라면, 이런 자리에서 운동 단체나 단체 친화적인 특정 정당 정치인의 찬조 연설을 듣고, 이슈를 쭉 나열하면서 법제도 개선을 주장했을 거예요. '임금차별 격파하라!', '성폭력 근절하자!', '불법촬영, 편파수사 근절하자!', '낙태죄 처벌 조항 폐지하라!' 이것이 전통적 혹은 집단적 여성운동의 방식입니다. 하지만 혜화역이나 광화문 시위는 그러지 않았습니다. 그렇게 다양한 지역에서 소속 단체가 없는 개인들이 모였는데도, 서너 시간 동안 "나의 일상은 너의 포르노가 아니다.(My life is not your porn.)" 같은 한국어와 영어로 제작된 두어 가지의 표어를 동질적이고 일관된 후렴구처럼 반복해 외쳤습니다. 단일한 주장이 몇 시간이나 이어져도 지루하다고 떠나는 사람도 별로 없었지요. 연설자도 익명화되었고, 유명인이나 '셀럽'도 없었고, 다들 정체성을 드러내지 않은 채, 마치 팬덤에서 보이는 '떼창'처럼 경찰의 편파수사를 비판했습니다. 사건의 요지, 경과 보고, 합치된 주장, 미래 기획 등에 대한 총체적 스토리 없이, 참여자들은 현장에 오기 전에 이미 모든 정보와 감각, 운동 방식을 공유하고 광장이라는 무대에 '나타난' 듯했습니다.

당사자성의 한계와 가능성

이런 변화는 어디에서 왔을까요? 이런 변화는 현대의 사회변혁 운동이 명망가나 전문가가 주도하는 것이 아니라, 온라인상에서 나누는 정보, 담론, 협의를 거쳐 참여를 결정한 개인들의 '직접행동주의'를 통해 이뤄지고 있다는 것을 잘 보여줍니다. 국가, 관료조직, 엘리트 등에 의해 행사되는 통치 장치를 거부하고 스스로의 결정과 참여를 강조하는 개인들 간의 급진적 연대가 곧 직접행동주의입니다. 자신보다 문제를 더 잘 안다고 주장하며 대표성을 독점하는 행위나 개인에 대한 거부감이 강하다고 할 수 있습니다. 우리의 경험적 동질성을 강조함으로써 '평등한' 위치를 주장하는 방식이라고 할까요. 물론 그렇다고 '불편한 용기' 같은 거대한 시위가 주창자나 리더 없이 이뤄졌다고는 볼 수 없습니다. 그들은 디지털 닉네임을 가진 익명화된 존재들로 이미 거대한 정동적 회로망을 움직일 만한 디지털 네이티브(digital native)의 감각과 영향력을 지니고 있을 것입니다.

여성들은 직접행동주의 운동이 그러하듯, 자기 삶을 자유롭게 구현할 수 있는 세상을 만드는 데 도움이 되는 정치 어젠다와 개념을 스스로 발견한 것입니다. 결국 '가장 사적인 것이 가장 정치적인 것이다.'라는 페미니즘의 오랜 언명을 실현하고 있는 셈이죠. 이런 직접행동주의 운동은 스스로의 참여와 개입으로 실질적 변화를 이뤄낸다는 점에서 '당사자성'을 강조합니다. 그러나 이들이 시위 때 마스크를 쓰고 내부의 다양성을 통제한다는 사실은 굉장한 불안이 자리하고 있음을 드러냅니다. 이런 자기 보호는 목소리를 내는 여성의 신상을 털어 유포하고 사회적으로 매장하는 여성혐오 세력에 대한 공포 때문에 생겨난 장치지만,

동시에 분노, 불안, 안전에 대한 긴장 강도가 아주 높다는 의미이기도 합니다. 이런 형태의 직접행동주의 운동이 보여주는 페미니즘의 대중화는 매우 고무적인 동시에, 그 과정에서 불안, 공포, 분노 등의 감정이 곧 페미니스트 되기의 전부인 것처럼 이해되기도 합니다. '나의 감정, 우리의 감정'이 이러하다는 것을 근거로 그에 관한 사안이 유일하고 중요한 운동의 어젠다가 되어야 한다고 확신하는 것이지요. 이런 현상은 여성의 삶을 구성하는 다양한 불안이 가정, 일터, 소비, 디지털 모든 영역에서 더욱더 정교한 방식으로 체감되는 데서 비롯되기도 합니다.

하지만 페미니즘 운동이 인식론, 교육, 운동을 포함하는 삼중의 실천 행위이며 삶의 비전이라고 할 때, 페미니스트는 피해자성만으로 장기간의 삶을 살아내기 힘듭니다. 매우 구조적이고 다양한 권력관계를 분석하면서 운동과 삶의 지형이나 지향 또한 바뀌갈 줄 알아야 합니다. 페미니스트가 된다는 것은 자신의 경험이나 '여성의 경험'만이 진실이고 독점적인 피해라고 기술할 수 없음을 깨닫는 것이니까요. 피해 경험과 맥락도 해석, 비판, 개입이 필요한 영역이고, 해석, 비판, 개입의 과정에서 자신이 못 봤던 것, 용인했던 것, 남용했던 것을 알아가는 성찰적 과정이 필요합니다. 이런 작업을 시도하는 주변의 페미니스트 동료들이나 친구들을 당사자성을 인정해주지 않는다거나, 고통에 동참하지 않는다며 비난하는 일도 비일비재합니다. 한편으로 이런 반응은 성찰과 그것을 통한 의식의 확장이나 진전보다는 너무나 고통스러운 현재에 일단 머물러 있는 것을 허하라는 메시지이기도 하겠습니다.

제가 강연장에서 만나는 학생들이나 30, 40대 페미니스트들 또한 제가 난민이나 이주자의 구조적 억압을 이야기하면, 한국 여성이 당하는 고통을 외면한다고 비판하기도 합니다. 인종, 젠더, 계급 등 복잡하게 진행되는 현실 속의 권력 작용을 분석하면, 여성 당사자를 뒷전에 놓는 것이라는 이야기도 듣곤 합니다. 이러한 '여성 우선주의'는 페미니스트들 간의 여러 갈등을 낳습니다. 당사자성은 중요하지만, 그것은 곧 피해자 당사자만을 지칭하는 것이 아니고 항상 고정적인 범주와 형태로 지속되는 것도 아닙니다. 누군가의 경험과 피해를 경청하고 감정이 움직여서 함께 변화를 일으키고 싶은 욕구와 실천의 범주에 들어온 사람들 모두 운동의 당사자가 될 수 있는 거지요. 당사자의 범위가 확장될 때에야 사회변혁 운동이 만들어집니다. 이런 광범위한 당사자들은 고통이나 피해의 감정만을 공유한 자들이 아니라, 사회를 내 손으로 변화시키겠다는 창조력과 활력, 기쁨으로 충만한 다양한 존재들입니다.

한편 페미니즘 운동이나 담론이 '디지털'로 옮겨 가면서 응집과 분열이 동시에 일어나고 있습니다. 폭력, 임신중절, 우울증과 관련한 개인적 고백, 고통 호소, 증언, 연설, 제안 등의 사적인 발화는 이에 공감하고 지지를 보내며 '퍼 나르는' 사람들에 의해 빠른 시간 안에 공적인 이슈, 함께 해결해야 할 문제로 변화합니다. 정치가 먼 곳의 엘리트에 의해 장악된 딱딱한 영역이 아니며, 사적인 것과 정치적인 것은 분리되지 않는다는 페미니즘의 명제가 실현되는 것이지요. 하지만 만인에 의한 만인의 감시가 이뤄지는 디지털 공간에서는 디지털에 '기록된' 개인의 글, 사진, 취미, 친구 관계, 소비 패턴 등 사생활이 누구나 접근 가능한 데이터로 존재하면서, 폭로, 낙인, 사회적 매장과 같은 폭력적 시도들의 좋은 자료가 됩니다. 제 경우에도 메갈리아 사이트가 페미니즘 대중화의 시초가 되었다고 언급했다는 이유로 아직까지 극단적인 '메갈(메갈리아 유저라는 뜻으로 여성을 낙인찍기 위한 말)'이라는 한 단어로 불리고 있습니다.(웃음) 심지어 페미니스트들 간의 논쟁에서도 과거에 올린 사진, 글이나 발언의 어떤 '단어'나 '태도'를 거론하며, 상대방에게 타격을 입히고 망신 주는 경우가 있습니다. 한 번의 실수도 용서받지 못할 것이라는 두려움의 수위가 높아지니 다른 사람의 실수에 대한 경직된 단호함도 증가합니다.

　　　　우리가 여성혐오나 이주민·청년·장애인 비하 등에서 목격하듯, 정치경제적인 구조적 문제를 개인에 대한 응징으로 대체하는 경향 또한 생겨납니다. 디지털 공론장의 상호 감시적 속성 때문에 사생활이나 프라이버시 보호, 개인의 자율 의지라는 개념은 큰 변화를 겪게 되었습니다. 개인 존중이라는 민주주의의 약속은 '논객 탄생'을 자축하는 문화나 집단화된 진영 논리에 의해 쉽게 위험에 빠질 수 있게 되었습니다. 열정적인 공론화를 이끌어온 디지털 페미니즘 역시 이런 딜레마에 처해 있습니다.

또한 온라인에서 고양된 열정이 일상이나 일터에서 혼자 남을 때의 고립감을 해결해주지는 못합니다. 그 많은 페미니스트들은 다 어디 있냐고 질문하는 여성이 많습니다. 여성들 대부분은 자신의 고립감이나 불안감을 떨쳐버리고 누군가와 함께 말하고, 의견을 교환하고, 밥을 먹고, 참조 집단을 가짐으로써 소속감을 얻는 관계적 자아를 원합니다. SNS에서 만나는 익명의 상대와의 열정적인 관계도 중요하지만, '살아 있는' 동시대 인간과의 관계를 필요로 하죠. 여성들의 나이나 직업, 경제력, 삶의 경로와 고민하는 문제가 다 다르기 때문에 디지털 영역은 유일하고 전면적인 관계 맺기의 공간이 되기는 어렵습니다. 매우 중요한 것 중 하나가 서로 페미니스트임을 노출하여 관계를 맺고 살아가는 경험입니다. 그러려면 여성들, 페미니스트들과 어떻게 장기적으로 관계 맺기를 할지에 대한 개방적 태도가 필요합니다.

소비를 통한 정치 참여

'마켓 페미니즘(market feminism)'이라고 불리는 큰 조류가 있습니다. 페미니스트 학자인 칸톨라(Johanna Kantola)와 스퀘어스(Judith Squires)는 여성운동이 대중성을 확보하기 위해 기업이나 시장과 결합하는 것을 마켓 페미니즘이라 지칭합니다.[32] 첫째는 기업과 시장이 적극적으로 페미니즘의 가치를 차용하는 겁니다. 기존의 남성 중산층에게 어필했던 고급 승용차나 스포츠 관련 상품의 보조 전시물이었던 여성이 이제는 '소유자' 혹은 향유자로 등장하며 시장적 평등을 이뤄낸 것처럼 광고하는 것이 눈에 띄죠. 또한 광고에 여성이나 어린이 돕기 프로그램 등을 포함하는 방식이 있습니다. 예를 들어 뷰티 브랜드 더바디샵의 경우, 여성 친화적이고 성평등적인 캐치프레이즈를 내걸어왔습니다. 제품 판매 수익의 일부를 여성폭력 방지기금이나 성평등을 위

32— Johanna Kantola and Judith Squires, "From State Feminism to market feminism," *International Political Science Review*(Vol. 33 No. 4, 2012), pp. 382~400.

한 기금으로 내놓습니다. 그 자체가 문제적인 것은 아닙니다만, 그 점을 계속 선전함으로써 마치 더바디샵의 샤워젤을 구매하면 여성들이 더 이상 가정폭력의 피해자가 되지 않는다는 환상을 줍니다. 기업과 시장은 해방, 평등, 자율성, 쾌락 같은, 페미니즘이 여성들에게 주려고 했던 가치를 상품으로 제공하겠다고 하죠. 여성들에게 외모, 체중, 냄새 등과 관련한 불안을 끊임없이 조장해온 기업과 시장이 페미니즘의 가치를 차용하여 소비 행위를 통해서 그 불안을 해방감, 자기 결정, 연대 행위로 이동시켜줄 수 있다고 약속하는 형국입니다.

　　마켓 페미니즘의 두 번째 측면은 페미니즘 진영이나 운동이 시장의 가치나 방법을 차용하는 것입니다. 많은 운동 단체나 페미니즘 진영에서 기업의 홍보 전략을 차용해, 이를테면 굿즈를 만들어 판매하거나 카페를 열어서 정치를 누구나 소비할 수 있는 상품인 것처럼 연성화하는 경우가 있죠. 물론 저도 자주 텀블벅 펀딩에 참여하면서 뭔가 '연대하고 기여한다는 느낌'에 뿌듯해해요. 체험 서비스를 받을 준비가 된 여성들 또한 체험적 소비의 방식으로 사회적 운동에 참여해 보람된 삶을 꾸리고 싶어 합니다. 이 때문에 페미니즘 운동이나 여성 단체들도 체험 중심, 상품 구매 중심의 전략들을 적극적으로 도입해오고 있습니다. 후원 회비를 내는 후원 활동은 (내 돈이 어디에 쓰이나 하는 의혹과 함께) 매우 밋밋한 반면, 시위나 현장에 나와 티셔츠, 방향제, 스티커 같은 굿즈를 사는 것은 더 의미 있게 느껴집니다. 그러나 이것은 현장을 벗어나면 반(反)생태적인 대량의 쓰레기가 되기도 합니다. 돈을 쓰는 일련의 행위, 물건 구매 행위가 즉각적으로 사회변혁을 이끄는 것도 아니지요.

　　　　　여기서 말하려는 바는 무엇보다 특정한 운동의 의미와 가치를 이해할 수 있는 사회적 토론장이 우선시돼야 하고, 이런 사회적인 페미니즘 장(場)이 경제적 소비 행위로 대치되거나 동일시되는 현상에 주의를 기울여보자는 겁니다. 정치가 상품화되면 상품을 구매한 자와 구매하지 않은 자 사이의 정치성을 판단할 수 있다는 신념이 강화됩니다. "이거 아직 안 사셨어요?"라는 질문에 대한 여부가 이런 판단에 크게 작용하게 되고요. 우리가 이데올로기로만 누군가를 고무하고 사회적 연대로 이끌 수 없는 상황에서는 정치가 굿즈, 아이템, 소비 가능한 체험의 형태로 구성되는 큰 흐름을 막을 수 없습니다. 또한 이런 것을 가방이나 노트북에 붙여 '운반'하고 페미니즘 정치의 살아 있는 광고판 역할을 하는 분들의 기여 또한 대단합니다. 강력한 커밍아웃이기도 하고요. 이데올로기와 정치를 연성화하는 흐름이 전보다 많은 대중을 끌어들일 수도 있겠지만, 그 대중은 상품이 마음에 안 들면 바로 지지를 끊습니다. 언제나 다른 상품은 많으니까요.

　　모든 개인과 단체가 굿즈를 팔고, 예를 들어 미세플라스틱을 발생시키는 수세미처럼 어디서 어떻게 생산된 것인지 모를 상품에 페미니즘 라벨을 붙입니다. 때로는 여성에 대한 폭력과 싸우는 운동이 그 상징물로 에코페미니즘 운동에 역행하는 결과물을 만들어내는 현상도 벌어집니다. 우리의 운동을 대표하는 진정 중요한 상징물이 무엇인지, 그것이 야기하는 '효과'가 무엇인지 토론하고 고민하면서, 저는 단체나 공동체가 꾸준히 생산하는 굿즈가 한두 개뿐이면 좋겠다고 생각합니다. 3·8 세계 여성의 날 참가 단체나 수많은 페미니스트 개인들이 지속적으로 생산하는 다

품종의 선전물과 상품이 집 안을 차지할 때, 연대했다는 느낌이 드는 것은 확실하지만, 제 의식이 훨씬 더 고양되는 것은 아니라는 생각입니다.

셋째는 팬덤 문화와 정치입니다. '불편한 용기' 시위에 엄청나게 많은 인원이 참여했죠. 사실 이런 조직화는 여성들에게 10대 때부터 익숙한 팬덤 문화의 방식입니다. 팬덤은 감정과 경제가 분리될 수 없는 거대한 회로망을 만들어냈습니다. 팬덤 경제에서는 스타나 아이돌의 이미지가 메타 상품이 되어 수많은 것을 유통시킵니다. 메타 상품이란 스타의 이미지 자체가 상위 상징이 되어 지속적, 변형적, 창의적으로 다른 많은 상품을 생산하고 순환시키는 역할을 하는 것을 의미합니다. 예를 들어 아이돌 그룹 BTS와 관계없는 달력도 그들의 이미지 한 컷이 새겨지면 스타 관련 상품으로 '의미'를 부여받아 순환되고 소비되는 것이지요. 마찬가지로 한국 음식, 옷, 관광, 유학, 한국어 등 스타와 관련된 모든 상품이나 체험이 팬덤 활동으로 인식되기도 합니다. 그런 활동에는 굿즈를 사 모으거나 팬 미팅과 공연 등에 참여하고, 팬 카페의 정보를 획득하면서 '진짜 팬'이 되는 과정도 수반됩니다.

여기 계신 많은 분들도 누군가의 팬덤에 속해 보신 적이 있을 거예요. 저도 중학교 때 그리고 30대 중후반에 팬덤 안에 살아본 적이 있는데, 그때 제 '타자에 대한 열정'은 불을 뿜었습니다.(웃음) 그때까지만 해도 상품이라고 해봐야 달랑 우비 하나 정도였거든요. 지금은 한 달에 20, 30만 원을 썼다느니 하는 얘기가 들려요. 여성들은 비밀스럽고 공동체적인 쾌락과 막대한 지출을 통해서 팬이 됩니다. 얼마나 소비할 수 있느냐는 여성들의 경제력을 반영하고, 팬 내부에서 계층적 차이를 낳습니다. 누가 더 많은 돈을 쓰느냐에 따라 팬덤 내부에서 지위가 달라지고 기획사와의 친밀도도 달라집니다. 도시락을 '조공'할 수 있는 사람과 다이어리 하나만 산 사람은 팬덤 내 지위가 확연히 다르겠죠. 하지만 여성 팬덤은 팬들 간의 계층 구분 자체를 무화하면서 동질성을 구성해갑니다. 사실 여성들은 스타 자체뿐 아니라 그 스타를 좋아하는 팬들 간의 친목과 소속감에서 큰 위안과 행복을 느낍니다.

분명 한국 여성 팬덤의 급증과 세력화는 여성들

이 열망하는 소통과 친밀성, 낭만적 연애에 대한 상상력과 밀접한 관련을 맺고 있습니다. 민주적 의사소통에 대한 여성들의 욕구는 강해졌지만, 동시대 남자들과는 그런 관계를 이룰 수 없다는 문화적 빈곤감이 큽니다. 성적 판타지나 성적 친밀성의 욕망과 감각은 열 살에도 생겨나고 일흔 살에도 생겨납니다. 그러나 한국 사회는 여성의 이런 욕망을 억압하며, 여성에게 안전한 성적 친밀성을 제공해주는 수단이 많지 않고, 여성이 접근 가능한 통로도 부족한 편입니다.

여자들은 스타에 대한 맹목적 환상을 가진 것이 아니라, 매력적이고 소통이 가능해 보이고, 돌봄 수행을 할 줄 아는 특정한 남성성을 선택하는 것입니다. 다시 말해 여성 팬들은 현실의 한국 남자들에게 기대하기 어려운 육체적 매력과 친밀성을 스타로부터 취사선택합니다. 이 때문에 아이돌이나 스타는 끊임없이 사적인 자아를 드러내 친밀성을 제공해야 하고, 팬들은 그로 인해 얻게 되는 활기와 신체의 고무된 기운에 고마워하며 돈을 지불합니다. 서구의 스타들이 저기 먼 곳에 있는 '하늘의 별'이었다면, 한국 아이돌은 정서적 관계를 맺을 수 있는 '관계적 능력'을 보여주는 이미지를 팝니다.

남성 아이돌은 그 누구에게도 소유되지 않고 익명의 존재들에게 공동으로 향유되는 대상이 될 수 있습니다. 그런 상황에서 팬덤 문화는 묘한 쾌락을 줍니다. 멤버십을 갖고 있는 한, 우리 모두가 평등하다는 느낌을 주죠. 요컨대 팬덤 시장은 거대한 정동 경제(affective economy)를 누리고 있습니다. 정동 경제는 스타와 팬 사이의 감정을 상품으로 순환시키고 이어주는 힘을 의미하고, 따라서 구매는 곧 사랑이요 연대라는 각본이 팬덤 내부에서 강화될 수밖에 없습니다. 또 다른 의미의 정동 경제는 누구를 '우리'로 느끼고 누구를 '적'으로 구별해내야 하는지에 대한 선별과 배제의 감각을 강화합니다. '혐오'라는 감정의 구조화를 통해 효과적으로 약자에 대한 차별을 정당화하는 것을 의미하기도 합니다.[33]

팬덤 문화의 특징이 뭘까요? 팬덤은 정해진 위

33— 김보명, 「혐오의 정동경제학과 페미니스트 저항: 〈일간 베스트〉, 〈메갈리아〉, 그리고 〈워마드〉를 중심으로」, 《한국여성학》 제34권 1호(2018), 1~31쪽.

계에 따라, 리더에 의해서 움직이는 게 아닙니다. 물론 회장도 있고 홈마(연예인이나 운동 선수 등을 위해 만든 홈페이지의 운영자)도 있지만요. 현재 페미니즘 흐름에서 전통적인 조직이나 리더 없이도 누가 구호를 만들고, 현수막을 제작하고, 어떤 자원봉사를 할지 빠르게 조직화가 가능한 것은 상당 부분 한국 여성들이 팬덤 문화에서 학습한 조직화 능력, 소통 능력, 감정적 능력 덕분입니다. 그런데 팬덤 문화에는 하나의 약점이 있습니다. 여기에서는 스타에 대한 깊이 있고 비판적인 토론이 불가하다는 거예요. 여성들은 스스로 만들어낸 굉장히 폭발력 있는 이 조직 문화에 익숙해지면서 점차 토론, 논쟁, 이질성, 다양성을 축출하고 배격하는 동질적인 상호 감시 체제의 문화를 형성하게 됩니다. 그리고 그것을 스타를 지키거나 우리의 기쁨을 지속시킨다는 명분으로 낭만화하죠. 그런 면에서 팬덤 문화는 여성들의 정치적 역량을 보여주기도 하지만, 현재 페미니즘 운동에서 발휘되는 팬덤 문화의 영향은 다양한 어젠다를 내놓고 토론할 수 있고, 이질성과 차이가 존중되는 공론장 형성에 기여하는 방식이 아닐 수 있습니다. 여성들이 팬덤 밖에서는 집회나 시위를 통해 조직화된 페미니즘 운동을 벌여나가지만, 팬덤 내부에서는 아이돌의 차별적 발언이나 행위에 대한 진지한 논쟁을 크게 두려워한다는 것이 그 일례지요. 물론 지각 있는 여성 팬들은 '의식이 덜 깬' 자신의 아이돌의 수준을 높이기 위해, 스타의 이름으로 사회운동에 참여하고 팬으로서 소비의 '적정선'을 지킬 것을 약속하기도 합니다.[34]

사회학자인 스티브 마일스(Steven Miles)는 왜 소비가 늘어나는지를 논하면서 '공모적 공동체성(contrived communality)'이라는 용어를 사용합니다.[35] 우리는 소비할 때 유일하게 자유로운 선택을 한다고 생각합니다. 공모적 공동체성이란 나의 자유로운 선택으로 기쁨을 추구한다고, 다른 사람들도 다 나처럼 소비하면서 산다고 믿고 싶어 하며 적극적으로 계속 소비에 가담하는 것을 일컫습니다. 예를 들어 어떤 물건을 살지 말지 고민할 때 '나만 절약해서 뭐해? 다른 사람들 다 이거 써. 나만 없어.'라고 주문을 걸 듯 주문

34— 장지현, 「3세대 아이돌 산업의 친밀성 구조: BTS 팬덤을 중심으로」(연세대학교 문화인류학과 석사학위논문, 2019).
35— Steven Miles, *Spaces for Consumption: Pleasure and Placelessness in the Post-Industrial City*(Sage Publications, 2010).

하시죠.(일동 웃음) '벌써 립스틱이 오십 개도 넘는데, 사면 안 되는데.'라며 고민하다가도 계속 다른 사람도 이 정도는 사면서 산다고 주장할 뿐 아니라 남에게도 설득 및 전파하며 소비하는 것. 이것이 바로 공모적 공동체성입니다.

물론 불확실한 세상에서 어느 정도의 확실성을 제공해주는 통로가 소비인 것은 맞아요. 우리는 소비 능력을 입증함으로써 '소비 시민권'을 획득합니다. "반품하려고요. 제가 원하던 물건이 전혀 아니에요." "서비스가 왜 이렇죠? 이 홈쇼핑은 대기업이라 다를 줄 알았는데. 지금 너무 기분 나쁩니다!" 소비를 해야 이렇게 큰소리칠 수 있습니다. 그런데 고객센터에서 일하는 사람들, 감정노동을 하는 사람들은 거의 다 여성입니다. 사람들은 서비스 노동자들에게 화풀이하고 이들의 인격을 비하하면서 대우받는다는 생각을 합니다. 많은 여성들이 직장을 관두고 싶지만, 따박따박 나오는 월급의 마력과 돈 쓰는 재미와 신용카드와 은행대출 상환의 두려움 때문에 그 시기를 유예한다고 말합니다. 저도 노동 강도가 엄청 높았던 시절에 쇼핑과 여행으로 탕진했던 기억이 납니다. 이 또한 좋은 삶의 해결책이 아니지요.

우리가 믿고 의지하는 공공 영역이나 사회 영역이 존재하면 소비는 줄어든다고 합니다. 안 풀리는 일이 있을 때 말을 해서 해결된다는 느낌이 있으면, 굳이 소비로 나의 자존감을 회복하고 분노를 일시적 쾌락으로 조정할 필요가 없겠죠. 유럽의 사회주의 복지국가 시민들은 시장 소비를 조절하는 능력이 상대적으로 좋다는 얘기를 들었습니다. 유럽은 국가, 지역, 또는 마을이 제공하는 복지 체계 안에서 충분히 공공자원에 접근할 수 있고, 그것의 투명성이 일정 수준 보장되기 때문입니다. 실업 및 실직 시의 수당, 노동 시간의 엄격한 준수를 통한 사적인 삶의 보장 등 개인의 어려움이나 열망이 국가나 지역사회에서 청취되고 있다는 믿음을 가질 때, 사람들은 좀 더 장기적인 전망으로 자기 삶을 기획할 수 있겠지요. 사람들이 사회적으로 야기된 불안을 해소하기 위해 자기 돈을 써가며 소비주의적 해결책을 택할 필요가 덜하다는 말입니다. 한국의 경우, 공공 영역의 부재와 정치 영역의 실종이 소비를 확장하는 데 대단히 큰 역할을 하고 있습니다. 최근 10년 동안 한국 여성들이 가장 친근하게, 가장 자주 사용한 언어를 조사해보면 페미니즘이 아니라 공동구매, 해외직구, 굿즈가 나올 것 같습니다. 우리는 살기 위해 소비를 해야 합니다. 소비와 사회를 연결하면서 윤리 소비나 그린 소비, '페미' 소비를 하기도 하지요. 하지만 상품 소비가 우리가 원하는 변화를 이끌어낼 수 있는지는 생각해볼 문제입니다.

다양한 미래주의의 협박들

많은 사람이 불안하다고 말합니다. 불안하다는 것은 현재에 안착하지 못하고 있다는 의미입니다. 최근 제 주변의 나이가 있는 페미니스트들은 어떻게 살 것인가를 고민합니다. 반면에 젊은 여성들은 왜 살아야 하는지를 질문합니다. 삶의 비전이나 미래가 안 보인다는 의미겠지요. 현재가 괴로운 터라 미래는 괴로움을 연장하는 시간대라 느낍니다. 미래를 바라보는 관점은 개인적인 문제일 수도 있지만, 한편 사회가 미래를 어떻게 투사하고 재현하면서 현재의 사람들을 통제하고, 자극하고, 통치하는지를 봐야 합니다.

오늘날의 삶은 너무나 활성화되어 있습니다. 이를테면 하루 종일 스마트폰이란 기계에 묶여 있어요. 연구 프로젝트를 진행하기 위해 대화해야지, 뉴스 봐야지, 돈 보내야지, 상품 주문해야지, 청소년 자녀에게 잠 깨라고 커피 선물 보내야지, 메신저 대화방에서 동창 친구들 안부도 물어줘야지…… 이 디지털 회로망에서 절대로 벗어나지 않습니다. 특별히 한 일도 없는데 종일 부산하고요. 과도하게 활성화된 삶이 절대화되어 있는 탓입니다. 다시 말해 지금 우리는 '지향성 없는 정보'에 지나치게 고양된 주체들입니다. 우리는 어떻게 살겠다는 방향을 가지고 정보를 모으는 게 아니라 중구난방으로 너무 많은 정보에 노출되어 있는 것입니다. 게다가 모두가 똑같은 포털, 플랫폼에서 공급하는 실시간 정보를 보면서도 그 정보를 주변에 반복 유통하고, 그것이 유일한 화젯거리가 돼버렸다고도 할 수 있습니다. 이런 상황이 심화되면서 이제는 그로부터 거리 두기나 치유가 필요해졌습니다.

나의 시간과 사회성을 회복하는 데 필요한 능동적 에너지는 언제 구축될까요? 왜 우리는 과도하게 활성화된 삶을 살고 있을까요? 모든 사람이 불안하다고들 합니다. 불안하지 않아야 현실을 깊이 있게 바라보면서 능동성을 회복할 수 있는데 말이죠. 우리의 현재는 항상 미래와 연동된 어떤 지점에 놓이기를 요청받습니다. '미래주의'로 동원되는 너무나 많은 담론들 때문에 현재에 집중하고 안착할 수가 없습니다. 일상을 변화시키거나 이동을 꾀하려 하다가도, 이내 포기하고 다른 사람의 움직임에 예민하게 반응하면서 매일 생각과 계획과 감정을 바꿉니다.

        '지금까지 이렇게 일하고 살면서 몸이 쇠잔했으니 앞으로는 건강하게, 내 손에 흙 묻히고 무언가 키워내는 삶을 한번 살아볼래.' 이렇게 결심하고, 정보를 수집합니다. 그러다가도 바로 다음 날 뉴스 헤드라인에 "4차 산업혁명의 시대, 인간은 쓸모없어진다."라고 뜨면 계획을 그만둡니다. '이게 무슨 소용이야, 어차피 로봇들이 다 할 텐데.'라고 하면서요.(웃음) 미세먼지를 줄이기 위해 개인이 해야 할 실천을 검색하다가도, 대기 중의 먼지를 날려주는 항공장치가 곧 발명될 가능성이 있다는 소식을 들으면, 현재에 어떤 노력이나 개입도 하지 않고 게을러지기도 하죠. 그러다 보면 우리가 생각하는 '접근 가능한' 미래란 과연 존재하는 것일까 의문이 듭니다.

하지만 미래의 핵심은 미래를 아무도 모른다는 사실입니다. 미래를 알 수 없는 까닭은 현재에 어떤 공동체가 구성되느냐에 따라서 미래의 성격과 모습이 달라진다는 데 있습니다. 그렇지만 미래주의의 협박은 우리를 불안하게 합니다. 곧 일어날 일에 대비하지 않으면 혼자 도태될 거라는 협박이죠. 또한 기술 중심주의를 향한 환상이 너무 커지면, 사회가 함께 수행해야 할 장기적 실천을 등한시하게 됩니다. 지금부터는 현재의 불안을 양산하는 대표적인 미래주의 담론 세 가지를 이야기하면서, 다양한 미래주의의 협박 아래 특히 여성들은 어떤 감정을 느끼는지 살펴보겠습니다.

디지털 미래주의: 삭제되는 생명과 삶

첫 번째는 디지털 미래주의입니다. 현대 자본주의 사회에서는 전 세계를 연결하는 디지털 미디어나 네트워크로 수익을 창출하는 비즈니스 모델이 대세입니다. 흔히 '플랫폼 자본주의'라 불리는 경제 시스템에서 우리는 상품의 소비자가 되기도 하고, 유튜브에 자신의 이야기나 정보를 올려 콘텐츠 생산자나 인플루언서(SNS상의 인지도로 대중에게 큰 영향력을 미치는 사람)가 되기도 합니다. 평평한 운동장 같은 플랫폼에서는 모바일 인지 능력과 기술력이 있고 운이 좋으면, 빠른 시간에 대단한 수익을 올릴 수 있죠. 즉 디지털 인지력과 자아 연출만으로도 상품을 많이 팔 수 있다는 신념이 강한 사회가 된 것입니다. 예전 노동자들은 이를테면 무역을 하더라도 다른 나라에 직접 가야 하고 사람들과 만나서 회의도 해야 했지요. 반면 디지털 자본주의는 나, 컴퓨터, 저기 먼 익명의 사람들을 연결하는 망만 있으면, 내가 곧 제국이 될 수 있다는 환상을 불러일으킵니다. 나의 디지털 콘텐츠나 소프트웨어, 회로망에 접속한 익명의 사람들을 통해 다수를 좌지우지할 수 있다는 지극히 자기도취적인 환상입니다. 인류 역사상 처음으로 모바일 테크놀로지와 '접속하는 인간' 누구나 자영업자가 될 수 있게 되었습니다.

플랫폼 안에 들어가면 조회수와 댓글을 통해 영웅이나 개인 사업가가 될 수도 있습니다. 가령 내 테드(TED) 강연이 몇 분 만에 사람들을 휘어잡아 흥행하고 조회

수가 치솟으면 갑자기 내 자아가 부푸는 겁니다. 유튜브 조회수를 늘리려고 애쓰는 사람들은 더 자극적이고 더 자기 노출적인 콘텐츠를 제작해 올립니다. 성공하는 사람은 많지 않지만, 몇몇의 성공 사례가 강한 신념을 만들어내지요. 디지털 플랫폼 자본주의에서는 플랫폼에 올린 콘텐츠에 얼마나 많은 사람이 접속했느냐에 따라서 광고가 붙고, 지명도가 생기고, 그에 따라 돈이 들어옵니다. 요즘은 너도나도 디지털 콘텐츠 사업을 한다고 합니다. 그러면 농사는 누가 짓고 밥은 누가 하고 아이는 누가 돌보고 다리가 부러졌을 때 누가 병원에 데려다줄까요? 슬랙(협업용 메신저)이나 구글 메신저에서 수천 번을 소통해도 내 동료는 내가 아픈 줄도 모릅니다. 인간은 나약한 존재이지만, 디지털 미래주의는 그런 삶은 존재하지 않는다고 믿게 만드는 환상인 거죠.

테크놀로지에 관해서는 누구나 평등하다고 생각합니다. 과거에 여성은 차별받고 과학기술에 대한 접근성이 떨어졌지만, 디지털 테크놀로지 시대에는 모두가 자격을, 생산수단을, 진입의 자유를 가지고 있어 여성들도 생산하고 자본을 얻고 싸움꾼이 될 수 있습니다. 일종의 '진입의 민주화'가 이루어진 것입니다. 그러나 우리는 여전히 이미지와 정보에 의해 크게 감정이 상하고, 불안감을 느낍니다. 기사 하나 보려고 해도 광고창에 가슴과 엉덩이가 강조되고 여성의 몸이 기괴한 형태로 전시되어, 문자는 읽을 수도 없습니다. "뱃살 줄이기", "피지 제거", "다이어트 S라인 만들기", "성적 흥분" 같은 광고가 계속 뜨고요. 이로 인해 유발되는 감각들이 모든 것에 편재한다면, 그건 더 이상 이상한 감각이 아니게 되죠. 그런데 그 강도 높은 감각들이 과부하를 일으켜 지금 내 감각이 기쁜 건지 슬픈 건지, 싫은 건지 좋은 건지를 알 수 없는 마비 상태가 오면, 우울의 정서, 때로는 일종의 공황 상태에 빠지게 됩니다. 내가 무엇을 원하는지 알 수 없고, 나의 선택권이 존재하는지 자문하게 되는 감각의 공황이 발생하는 것입니다.

지난 시간에 번아웃 증후군에 대해 이야기했죠. 지금까지 논한 번아웃이 시간 없음과 노동 강도의 문제였다면, 지금부터는 감각과 정서의 번아웃 상태에 대해 다루려고 합니다. 처음에는 디지털 테크놀로지가 여성들에게 평등한 진입을 약속했습니다. 하지만 어디에서든 불쑥 나타나 '너의 미래는 2주 만에 달라질 수 있다.'라고 부추기는 성형 수술이나 새로운 다이어트 상품, 파편화된 여성 신체 이미지를 유통하는 디지털 테크놀로지로 인해 여성들은 조급한 욕망을 갖기도 하고, 변하지 않는 상태에 불만을 갖기도 합니다. 신자유주의 사회는 여성의 신체로 불안을 만들어내고, 또 그 불안을 위로 또는 해결해준다는 약속으로 상품을 만들어냅니다. 따라서 규범에 맞지 않는 신체를 가진 여성은 부끄러움, 수치심, 고통의 감각을 느껴야 한다고 강요하는 상품 문화 속에서 여성들은 우울의 정서를 품게 됩니다. "2주 만의 폭풍 감량으로 미인 대열에 우뚝 서"라는 카피를 매순간 보고 살아야 하니까요.

한편 남성의 시선을 중심으로 창작된 게임이나 만화에서는 예를 들어 여성의 음부에 칼을 꽂거나 총을 쏘는 이미지가 너무 익숙하게 등장하고 있습니다. 그 이미지들이 온라인 게임 세계에 유통되면서 이제는 디지털 플랫폼에서 누구라도 쉽게 볼 수 있게 되자, 여성들은 여성 신체가 파편화되어 전시되는 것을 보게 됩니다. 이는 한국의 여성들에게 우울과 함께 분노의 감각을 일으킵니다. 그저 게임

일 뿐이라고 애써 눈 감으며 게임에 참여하고 무심히 광고를 바라보려 하지만, 매일 감정이 상합니다. 동시에 디지털 플랫폼에 익숙한 '쿨한 여성'들도 존재해요. 격동적이고 과부화된 초감각적 에너지가 아무리 자신을 둘러싸고 위협해도 '나는 별로 느낌이 없던데? 그걸 뭘 그렇게 대단하게 여겨?'라는 태도로 갑옷을 두른 여성들도 있습니다. 그리고 그런 콘텐츠를 만들어내는 사람들 중에 여성도 많고, 성공한 디지털 콘텐츠 사업가로 각광받는 여성도 있습니다. 어떤 콘텐츠와 이미지와 감각을 운반하느냐는 토론되지 않고, 그것으로 획득한 자본의 규모가 얼마인지에 따라 '성공한' 자본가로 추앙받죠. 스타트업, 웹툰·웹소설, 스트리밍 서비스, e-커머스 등의 사업 영역에서는 얼마나 버느냐가 무엇을 해서 버느냐의 문제보다 주목받습니다. 분명 플랫폼 자본주의 사회에서 여성들이 전보다 성공하기 쉬운 조건에 속해 있는 것은 사실이지만, 새롭고 자극적인 이미지, 신체의 전시 등을 요청하는 플랫폼 안에서 복잡한 정서를 느낄 수밖에 없습니다.

사회학자 리처드 세넷(Richard Sennett)은 글로

벌 자본주의의 노동 유연화 상황에서 많은 청년들이 거리
와 사무실 사이 그 어딘가에서 일하고 있다고 말합니다.[36]
많은 남자들이 된장녀, 김치녀 운운하며 스타벅스에서 커피
를 사 마시는 여자들을 비난했죠. 그런데 사실 그곳은 여성
들이나 청년들의 일터이기도 합니다. 회사에 고용되어 일하
는 것이 아니라 프로젝트나 하청, 하청의 하청을 받아서 일
하는 여성들이 태반이기 때문입니다. 지난 시간에도 말했듯
디지털 자본주의의 핵심 노동자는 여성이에요. 프리랜서로
일하는 여성들은 카페에 가서 기획안을 쓰고 업무를 처리
하면서 "네, 김 팀장님. 빨리 보내겠습니다"라고 답하는 동시
에 "여기 와이파이 비밀번호가 뭐예요?" 하고 묻습니다.

여성들은 문화적 능력, 기술력과 인지적 재치
를 지니고 코드를 짜고, 데이터를 다루며, 기획안을 만들기
도 합니다. 멋진 일을 하고 있다는 자부심도 높고요. 그런데
이제 디지털 자본주의는 우리가 상상할 수 있는 유일한 미

36— Richard Senett, "Street and Office: Two Sources of Identity,"
On the Edge: Living with Global Capitalism(Vintage, 2001), pp.
175~190.

래형 일자리가 되고 있습니다. 살아 있는 인간의 생명, 감정, 돌봄, 치료 등의 모든 요구가 디지털로 '연결됨'으로써 모두 충족되고 해결된다고 주장하는 것이 디지털 미래주의입니다. '가상 돌봄(virtual care)'이나 원격진료, 사이버섹스와 같이 기계·랜선과 연결되면 인간의 아픔, 고통, 쾌락의 문제가 해결될 수 있다는 신념이 강해지는 것이죠. 이런 신념이 강해질수록 실제 아이를 기르고, 환자를 돌보며, 음식을 만드는 여성들의 노동은 낮게 평가되고, 곧 기계와 기술에 의해 대체될 하찮은 일처럼 설명됩니다.

디지털 자본주의는 지속적인 수익 창출을 위해 인간의 신체에 지속적으로 개입할 필요를 만들어내야 합니다. 그 결과 자본의 요구에 인간의 신체와 고통은 종속되죠. 그리고 마치 디지털 테크놀로지가 현재의 실존적 요구나 난제를 다 해결할 것이라는 믿음을 갖게 합니다. 성차별적인 노동분업도 기술과 로봇이 곧 해결할 것이라고 합니다. 디지털 미래주의 담론은 인간의 고유성, 관계의 지속성, 공감 능력 등을 삭제하고 인간을 수치와 데이터로 존재케 합니다. 디지털 자본주의는 사람, 생명, 삶의 문제를 데이터로 환원하여 돈벌이 수단이 되는 것처럼 떠들고 있지요. 여성들이 디지털 영역에 진입해 큰 성과를 내고 있다는 점 그리고 미래에는 이제껏 여성이나 사회적 약자가 수행해왔던 실질적인 돌봄과 관계 노동이 기계와 인터넷에 의해 쉽게 대체되리라는 점을 주장하면서 디지털 기술이 '여성 친화적'이라고까지 말합니다. 요컨대 여성과 디지털 자본주의의 관계는 모순적이고 점점 복잡해지고 있습니다. 여성들은 어떤 현실을 '진실'로 받아들여 선택해야 하는지 매우 혼란스러울 뿐만 아니라 불안해합니다. 디지털 영역은 여성의 일터인 동시에 자신의 신체가 폭력적으로 전시되고 리비도 경제를 위해 회람되는 것을 목격하는 자기 고통의 현장이기도 하기 때문입니다. 그때 정서는 분열을 일으키죠. 그러면 우리는 디지털 자본주의가 주입하는 신념에 따라 곧 디지털 테크놀로지와 AI에 의해 세상이 바뀌기를 기다리면서 페미니즘과 젠더 불평등 문제를 그만 얘기해도 되는 걸까요?

재생산적 미래주의: 아이가 우리의 미래다

두 번째 미래주의 담론은 '재생산적 미래주의

(reproductive futurism)'라는 개념입니다.[37] 한국에서 저출산 문제는 대단히 젠더 훈육적인 방식으로 말해집니다. 일본만 하더라도 저출산 '현상'이라고 부른다고 해요. 우리는 '위기'라고 일컫죠. '위기'라고 칭한 지가 벌써 20년이 돼갑니다. 위기로 명명하게 되면, 그 위기를 관리하고 해결하도록 누군가를 동원하고 집단화해서 국가 정책의 대상으로 만들어야 합니다. 따라서 실질적으로 출산의 능력(capacity)을 가지고 있는 여성들을 국가 정책의 전시장이자 집행소로 만들어야겠다는 국가의 의지가 발동하는 것입니다.

국가의 미래는 인구라고 말하듯이, 재생산적 미래주의는 미래를 항상 출산 및 아이 중심으로 바라봅니다. 제가 정치를 하는 이유는 제 '현재'거든요. 저는 젠더 불평등, 기후위기, 국가 통치 등 제가 살아가는 현재의 문제를 바꾸기 위해서 정치에 참여해요. 그런데 많은 정치적 담론에서 이용하는 것은 '아이'입니다. 두 가지 방식이 있습니다. 하나는 아이가 태어나야만 국가와 집단이 재생산되고 '번영'

37— Lee Edelman, *No Future: Queer Theory and the Death Drive* (Duke University Press, 2004).

할 수 있다는 믿음입니다. 때로는 아이가 너무 많이 태어나서 나라의 경제 발전을 저해한다고 주장하지요. 이 두 주장은 공통적으로 출산이 곧 경제 발전을 촉진하거나 저해하는 원인이라고 보는 것입니다. 또 하나는 아이들에게 이런 현실을 물려주고 싶지 않다며 아이의 메타포를 쓰는 방식입니다. "우리 아이가 정치인들의 이런 패거리 문화를 배워서야 되겠습니까? 아이들이 우리에게 뭘 배우겠습니까?" 즉 재생산적 미래주의란 항상 미래가 '어떠해야 한다'고 전제하고 나서 현재의 형태를 바꾸려 하는 걸 말합니다.

재생산적 미래주의라는 말을 쓴 『미래는 없다(No Future)』의 저자 리 에델만(Lee Edelman)은 영문학자로 퀴어 정치학을 논했습니다. 에델만은 왜 퀴어가 사회적인 시민권을 획득하지 못하느냐에 대해 질문합니다. 퀴어는 (생물학적) 재생산을 하지 못합니다. 국가나 지역사회가 마땅히 수행해야 한다고 여기는 의무를 따를 수 없는 '불능'의 주체로 폄하되지요. 퀴어혐오는 퀴어가 아이도 낳지 않고, 국가에 헌신하지도 않는다고 계속해서 부정적으로 의미화합니다. 예를 들어 미국 대통령 선거를 보면, 첫 유세를 하거나 당선

됐을 때 항상 연출하는 스펙터클이 무엇인가요? 가족들이 다 같이 나와서 남자 대통령이 아내에게 키스를 하고 아이들이 그 옆에 서 있는 광경을 보여줍니다. 국가의 미래는 이성애 가족만이 짊어질 수 있다는 메시지를 지속적으로 보여주는 겁니다. 국가의 행복은 이성애 핵가족이 구현하는 행복 이미지와 단단히 결합되어 있다는 뜻이지요.

이런 상황에서 만약 퀴어가 대통령이 되면 어떨까요? 에델만은 이성애 중심주의가 설정한 그 '미래'에서 배제되는 퀴어들에게는 어떤 방식의 정치가 가능한가 질문하면서 '미래가 없다.'는 말을 역설적으로 사용합니다. 재생산적 미래주의란 출산과 인구 등의 재생산이 미래의 행복과 불행, 번영과 퇴보를 연결 짓는 강력한 기호이며 실재라고 믿는 것입니다. 또한 아이를 낳고 어떻게 기를 것인가에 대한 정치적 강박 속에서 국가의 번영과 경제, 미래, 행복을 사유하는 태도이지요.

한국에서는 재생산적 미래주의의 관점이 너무 강력하게 작동합니다. 사실 아이들에 대한 관심보다는 '인구'에 대한 강박이 심합니다. 저출산 위기에 근거한 재생산적 미래주의는 알 수 없는 미래를 마치 알 수 있는 미래인 것처럼 제시하는데요. 벌써 20년째 사용되어온 저출산 위기라는 사회 담론은 여전히 여성의 존재 이유를 생물학적 재생산자로 결박합니다. 여성의 출산과 돌봄은 국가 번영의 시금석이 되고, 출산을 여성의 의무로 부과하면서 마치 이 의무를 할당하듯이 전국출산지도를 만들기도 했습니다. 이런 경우 당연히 여성의 섹슈얼리티에 대한 통제가 일어나죠. 임신중단을 금지하고 여성의 자궁을 형법상의 손배물로 상정해왔습니다. 낙태죄는 헌법불합치 판결이 내려져 2020년 12월 31일로 폐지되었지만 여전히 대체 입법이 마련되지 않고 있습니다. 심지어 임신을 스스로 조절하고 통제할 수 있는 수단인 (미프진과 같은) 사후피임약조차 처방전 없이는 구매할 수 없는 것이 한국 여자들이 처해 있는 지금 여기의 현실입니다. 성행위에 대한 책임과 의무를 스스로 관리할 수 있는 가장 간편하고 안전한 수단마저 제공되지 않는 것입니다.

'저출산 위기'라는 미래주의적 협박 아래에서 국가는 얼마 전까지도 임신중단을 형법으로 처벌했을뿐더

2016년 행정자치부에서 발표한 '대한민국출산지도'.

러 전 사회가 여성의 결정에 쌍심지를 켜고, 아이를 낳지 않는 여성을 이기적이라고 비난했습니다. 여성이 출산 및 양육 결정을 할 수 있는 사회적 환경, 이를테면 부계 중심 가족제도의 존속과 가족 내 남녀 간 돌봄노동의 불평등한 편제, 저렴하고 안전한 공공 양육의 부재와 같은 사회적 조건은 변화하지 않았는데, 개인의 결정을 추궁하는 담론만이 무성한 현실입니다. 젠더 규범을 강요해서 풀어갈 것이 아니라, 성역할에 부착된 규범과 전제를 해체해야만 여성들이 자발, 능동이란 이름의 선택을 할 수 있습니다. 국가가 끊임없이 재생산적 미래주의를 유포하고 그것을 여성 통제의 수단으로 삼는 것은 아이를 낳지 않으려는 여성과 아이를 낳고 싶은 여성 모두를 괴롭히는 꼴이지요. 지금 불임 때문에 고민하는 여성들은 '저출산 위기'라는 말이 나오면 심장이 두근두근 떨린대요. 주변 사람들에게 일부러 출산을 안 하는 게 아니라는 걸 계속 말한다고 합니다. 자신이 이기적인 여성이 아니라 아이를 낳기 위해서 수년간 노력했음을 주변에 알려야 할 것 같은 불안감을 느낀다는 뜻입니다.

　　　　이런 식의 재생산적 미래주의 안에서 어떤 여성이 안전하겠습니까? 시민권이라는 것이 국가와의 거래로 획득할 수 있는 권리라면, 국가가 이미 '낙인'을 찍어놓은 여성에게 무슨 권리를 주겠어요. 저출산 위기로 한국 사회가 조만간 멸망할 것처럼 협박하지만 정작 비혼 여성의 출산이나 싱글맘은 왜 사회적으로 금기시할까요? "비혼? 말도 안 돼." "결혼까지 했는데 애는 안 낳아?" "아이가 외로워하는데 하나만 낳겠다고?" 주변 사람들이 국가 이데올로기와 불평등한 사회적 관습을 내재화해 여성에게 한마디씩 합니다. 본인이 낳고 기르는 것도 아닌데 말이죠. 국가가 계속 여성의 역할을 출산이나 아이 돌봄과 연동시키는데, 그 압박에서

2016년 서울 종로구에서 열린 낙태죄 폐지를 위한 '검은 시위'.

어느 여성이 자유로울 수 있을까요? 재생산적 미래주의는 이처럼 여성을 불안하게 만들고 여성의 능동적인 선택을 가로막습니다.

포스트 휴먼 미래주의: 무용한 인간

세 번째는 4차 산업혁명의 포스트 휴먼 미래주의입니다. 저출산 때문에 국력이 떨어진다고 협박하는 동시에, 이제 대부분의 사람이 인공지능 때문에 일자리를 잃을 거라고 합니다. 그럼 왜 아이를 낳으라고 하는 거예요?(웃음) 용어조차 '포스트 휴먼' 미래주의, 즉 인간 이후의 삶이라는 뜻이죠. 포스트 휴먼 미래주의를 주장하는 사람들은 인공지능과 사물인터넷, 로봇 등 다양한 디지털 테크놀로지에 의한 자동화가 인간보다 더 예측 가능한 생산물을 만들어낼 수 있으며, 인간의 일자리를 대체할 것이라고 말합니다. 선진국 15개국에서만 총 500여 만 개의 일자리가 사라질 것이라고 공공연히 협박하고 있습니다. 일자리가 없고 일할 필요도 없으니 이제 보통 사람들이 임금노동을 해서 생활하던 시대는 끝났다는 뜻입니다. 이러한 4차 산업혁명의 포스트 휴먼 미래주의에서 일할 수 있는 사람은 디지털 플랫폼 자본가나 공학도, 데이터 노동자 등이겠습니다.

한편 쉽게 기계로 대체될 수 없는 돌봄노동 같은 일은 살아남을 거라고 말합니다. 인공지능과 로봇에 대체되지 않기 위해 감정과 돌봄 능력을 함양하는 '선행학습'을 시키는 부모들도 등장했다지요. 돌봄노동이 소위 쓸모없어진 인간들을 돌보고, 감정을 마사지해주고, 그들의 욕구를 성적으로 또는 감정적으로 충족해 회복시켜주는 노동으로 현실화되지 않기를 바랄 뿐입니다.

포스트 휴먼 미래주의를 주장하는 전문가나 엘리트 들은 공공연하게 우리가 쓸모없는 계급으로 전락하게 될 거라는 말을 해댑니다. 이렇게 폭력적인 이야기를 매일 듣게 되면, 소박하고 생존주의적이며 연대를 실현하는 라이프스타일을 취하려고 하는 사람은 매우 드물어질 것입니다. 이걸 해도 불안하고 저걸 하다가도 불안해질 뿐입니다. 5년 동안 무언가를 준비하던 중에 불쑥 AI가 나타나서 "안녕하십니까, 당신의 일은 이제 제가 대체해드리겠습니다."라고 하는 일이 벌어지지는 않을까요? 5년 뒤에도 디지털 테크놀로지가 쏟아내는 그 많은 정보 안에서 여전히 검색의 기쁨을 느끼고, 새로운 상품을 구매하며 즐길 수 있을까요? 앞으로 5년, 10년 후의 미래조차 나의 능동적인 결정에 따라 이룰 수 없다는 불안이 팽배합니다. 이러한 미래주의의 남성 중심성, 계급 중심성, 기술 중심성 안에서 여성들이 자기 삶을 일상적으로 영위하고 연대하고 살아가는 것은 어떻게 가능할까요?

흥미로운 것은 포스트 휴머니즘의 다양한 갈

래 중 하나인 페미니즘 관점의 포스트 휴머니즘은 이런 방식의 '인간 무용론'으로 나아가지 않는다는 것입니다. 페미니스트들은 포스트 휴머니즘의 핵심을 인간 중심주의로부터 벗어나는 것이라고 역설합니다.[38] 사생활 침해나 공장식 축산에 의한 동물 착취, 환경 파괴, 기후변화 등 과학기술이 가져온 부작용에 대응하기 위해 인간·남성·기술 중심성에서 벗어나 모든 생명체 간의 새로운 결속과 결연을 통해 생태주의를 회복해야 한다고 주장하지요. 다시 말해 대문자 인간, 남성 중심성을 해체하고, 이제까지 억눌려왔던 타자/비인간들의 회귀를 통해 포스트 휴먼 '주체성'을 구성해가야 함을 강조합니다. 도나 해러웨이(Donna Haraway)는 인간 종 중심주의를 넘어서야 한다는 의미에서 다른 생명체들을 '반려종(companion species)'이라 부릅니다.[39] 단순히 인공지능과 기계와의 인터페이스적인 측면만 강조하여 쓸모없고 남아도는 인간의 추락한 위치를 예견하는 그런 포스트 휴머

38— 로지 브라이토티, 이경란 옮김, 『포스트 휴먼』(커뮤니케이션북스, 2017).

39— Donna J. Haraway, *The Companion Species Manifesto: Dogs, People, and Significant Otherness*(Prickly Paradigm Press, 2003).

니즘이 아닙니다. 현재의 우리가 그런 미래를 어떻게 희망할 수 있을까요? 인간됨의 의미에 대한 사회적 토론을 거쳐 대체되는 존재가 아닌 관계적인 존재로, 어떻게 우리의 삶을 구성해야 하는가가 여전히 중요한 질문이어야 합니다.

불안과 거리 두기를 위한 라이프스타일

미래 없음이라는 불안과 우울의 정조는 다양한 치유 산업을 번성시킵니다. 그 안에서 많은 여성들이 소비자가 되지요. 여성을 불안정하게 만드는 다양한 현실과 미래주의 전망 때문에 '내 자아는 치유가 필요하다.'라고 호소하는 여성들이 급증하고 있어요. 경제적 조건이 불안정하고, 가족 구성원이나 친밀한 상대로부터 받은 학대, 안전을 위협하는 성폭력과 불법촬영 등으로 둘러싸여 해결 없는 폐쇄적 회로망 안에 갇혀 있다는 느낌에 많은 여성들이 시달립니다. 몸이 아프기 시작하고 감정이 우울해지면서 나에게는 치료가, 돌봄이, 전문적인 상담이 필요하다고 호소하는 치유적 자아(therapeutic self)가 집단적으로 늘어나고 있습니다. 경제력이 있으면 병원 치료와 상담을 바로 받을 수 있지만 자신의 우울을 '병'으로 인식하기까지 상당한 시간이 걸리기도 하고, 안다고 해도 그 비용을 부담하기 어려운 여성들이 너무 많습니다. 힐링 산업은 사람들의 불안을 상품화하여 번창하고 있죠. 웃음치료, 동기부여 강의, 긍정심리, 치유목회, 명상, 단식모임 같은 이름으로 오래전부터 있어왔습니다. 제가 만난 한 여성은 치유가 또 다른 치유로 이어지면서 5년간 2억여 원을 사용했다고 합니다. 여성들은 작게는 타로 카드로 시작해서 점(占), 여러 형태의 국내외 치유 명상 프로그램, 심리치료, 상담 등을 순환합니다.

힐링 또는 웰빙이라는 이름으로, 욜로라는 이름으로, 소확행이라는 이름으로 여성들은 자신에게 선물을 주고는 합니다. 잘 살아왔다고 스스로를 위로하며, 앞으로도 잘 살 수 있다고 스스로에게 약속하면서 맛있는 것을 사 먹고 뷰티 제품을 사고 여행을 가기도 합니다. 이렇게 많은 여성들이 수없이 다양한 치유 비즈니스에 돈을 쓰는데, 이런 치유 비즈니스 안에 한번 들어가면 그것의 연쇄 고리를 다

돌게 됩니다. 그러다 어느 순간에 '내 스스로 내 문제가 뭔지 아는데 왜 남한테 돈을 퍼부었지?'라고 깨달으며 '잘 살아가는 방법은 대체 뭘까?' 자문하게 됩니다.

소위 '지속 가능한' 라이프스타일은 어떻게 실현할 수 있을까요? 아침으로는 뭘 먹을 거야. 시간은 어떻게 쓸 거야. 어떤 패션으로 나를 드러낼 거야. 어떤 방식으로 소비할 거야. 누구와 살 거야. 누구와 친밀성을 교환할 거야. 쾌락은 어떤 형태로 얻을 거야. 가죽재킷을 입을 거야. 아니면 가죽재킷 불매하며 비건(vegan)이 될 거야. 계속해서 이런 결정들을 요구하는 게 라이프스타일입니다. 인터넷 포털의 라이프스타일 분류에는 초감각적인 시장 감각만 강화하는 내용들로 가득 차 있어서 연대, 관계 맺기와는 무관한 개념처럼 보입니다. 고기를 잘 먹는 사람이 비건과 친구가 되기 어려워하는 경우를 봅니다. 같은 식당이나 식탁에서 먹을 수 없다고 여기지만, 각자 도시락을 싸 와서 만날 수도 있고, 함께 할 수 있는 방법에는 여러 가지가 있지요. 고기를 먹을 수 없다는 사람에게 '너의 예민함 때문에 우린 친구 되기 글렀다.'라고 하거나, 한 사람은 자기 취향을 포기해야 한다고 여길 때 라이프스타일은 제약을 위한 거래 조건에 불과해집니다. 먹는 행위를 단순히 배달이나 식당 등의 시장주의적 방법으로 해결하려고 할 때는 이런 차이들을 중재하기가 결코 쉽지 않습니다.

페미니스트로서의 대안적 라이프스타일이라는 것은 거창하지 않아요. 제가 생각하는 페미니즘적 대안들은 각종 미래주의의 불안으로부터 거리 두기를 하는 것입니다. 내가 어떤 일을 하고, 어떻게 놀고, 무엇을 하며 여가를 보내고, 어떻게 자율노동을 하는지에 관해서 스스로 시간적, 공간적 재배열을 해나가는 수밖에 없다고 생각합니다. 그렇다면 능동적인 주체 감각을 어떻게 회복할까요? 끊임없이 불안하게 만들고, '너 이렇게 하면 안 된다. 너는 일자리가 없어질 거야. 애 안 낳으면 국가가 얼마나 미워할지 알지?'라는 식으로 협박하는 사회에서 말입니다. 이 불안이란 딱히 가해자가 없어 보이지만 이미 정형화되어 있는 사회적 공포입니다. 특정한 사람이 날 때리거나 협박해서 불안한 게 아니라, 친구와 가족이, 미디어와 디지털 회로망에서, 국가와 기업이 끝없이 만들어내는 불안입니다.

그렇다면 덜 소비하며 생겨나는 기쁨과 즐거움의 감각, 덜 파괴적인 생태주의적 전망 같은 것은 페미니즘에서 그저 유토피아적인 제안으로만 남겨지는 걸까요? 직접 밥을 하고 돌봄노동을 하면 젠더 억압을 환기하는 걸까요? 요즘 페미니스트들은 서로 간섭하기를 원치 않습니다. 일하려고 만났으니 일만 하고 '쿨하게' 정리하자고 합니다. 삶의 재배열을 위한 이동이란 서로에게 시간을 쓰고, 서로를 봐주고, 돌보고, 위기 상황에서 상호 지원 체제를 가동할 수 있는 네트워크를 구성해가는 것입니다. 실질적인 시간을 함께 보내고, 음식을 나누면서 인간 노동은 사라질 수 없음을 확인하는 것입니다. 그렇다면 디지털 테크놀로지 만능주의나 남성 중심주의적 리비도 경제와 거래하지 않으면서도, 생존 가능하고 창조, 분배, 소비가 가능한 먹고살기의 공동체 같은 것을 만들 수 있지 않겠느냐고 질문하고 싶습니다.

진보의 의미를 묻다

페미니즘 운동은 근대적 진보 운동이라고 할 때 진보의 개념이 무엇일까요? 정치와 일상의 연결은 어떻게 가능한가요? 저항을 외치고 표현하는 것 자체로 사회운동이 될 수 있을까요? 이런 질문들을 검토해보고자 합니다. 진보 진영의 남성, 여성 정치인들은 늘 사회변혁을 표방하면서 '국민과 시민의 혁명입니다.' 같은 선언을 곧잘 합니다. 그런데 그런 선언에는 익숙하지만, 스스로 능동적이고 자율적인 정치 공동체에 참여해 평등한 관계를 경험하고, 정치적 결과를 만들어냈는지는 잘 모르겠습니다. 우리가 이미 잘 알다시피, 안희정 같은 진보 진영 남성은 남성의 성욕은 '자연스러운 현상'일 뿐 아니라, 주변 여성들에 대한 성착취는 사회 해방을 위해 싸운 자신의 노력에 대한 자연적인 '보상물'이라고 간주했겠지요. 그런 점에서 미투 운동은 진보의 의미를 질문하며, "젠더라는 인식론을 통해 기존의 진보주의를 재구성할 필요성"[40]을 제기하는 것입니다. 정희진 선생이 "티셔츠 한 장으로 맺은 남성연대"[41]라고 표현했듯이, 성차별과 혐오는 이념과 계급을 초월하는 문제임을 보여주는 사건도 있었습니다. 한 여성 게임 성우가 "여자들에게 왕자는 필요 없다.(GIRLS Do Not Need A PRINCE.)"라는 문구가 새겨진, 메갈리아에서 제작한 티셔츠를 입은 사진을 SNS에 올렸다는 이유로 해고되는 일이 벌어졌고, 이후 많은 사회적 파장을 불러왔지요. 성우 교체에 항의한 웹툰 작가들을 향한 별점 테러, 정부의 웹툰 규제 찬성 운동 등이 벌어졌을 뿐 아니라, 진보 정당인 정의당에서조차 남성 당원들이 이 사건을 게임 회사 넥슨의 노동권 침해라고 비판한 당의 논평에 반발해 집단 탈당하는 사태가 일어나기도 했습니다. 이런 점에서 여성혐오나 성폭력은 진보와 보수 모두를 결집할 수 있는 '가능성'과 '감정'의 영역이었던 셈입니다. 결국 우리는 여성혐오만 난무하고 일상의 민주주의 정치는 실종된 상황을 목격했습니다.

　　미투 운동은 섹슈얼리티를 수치, 쾌락, 은밀함,

40 — 이택광, 「미투 운동, 어떻게 볼 것인가─데모스 정치와 진보의 재구성」, 《문학사상》(2018년 4월호), 24〜35쪽.
41 — 정희진, 「티셔츠 한 장으로 맺은 '남성연대'」, 《한겨레신문》(2016년 7월 30일 자).

사적인 것으로 간주해온 한국 문화에서 '성폭력 피해자 희생시키기'가 더 이상 있어서 안 된다는 것을 공표하는 것이었습니다. 동시에 제왕적 권위를 휘두르던 남성 가해자들을 그 지위에서 쫓아내는 일이었습니다. 이런 피해자 감각의 변화는 지난 수년간 폭발적으로 증가한 여성들의 목소리와 촛불 정국 이후 고양된 참여형 정치 행위 덕분입니다. 그 결과 섹슈얼리티와 관련된 이슈들이 '정치적 담론장'에 들어오고, 사적인 개인사를 정치 영역에서 듣는 데 익숙해졌습니다. 하지만 그러면서 '일부일처제'나 '정실부인'의 목소리로 미투 운동을 폄하하고, 남성들의 취약함을 변호하는 여성들도 나타나고 있지요. 미국의 경우 미투 운동에 나선 여성들이 "침묵을 깨트린 여성들"로 《타임》지 표지에 나오고 용감한 여성, 영웅으로 칭송되지만, 우리 사회에서는 기껏해야 남자 유혹하려다 실패해서 복수하는 여성으로 폄하됩니다. 게다가 여전히 큰일하는 남자들의 기분과 욕망을 맞춰주는 것이 뭐 그리 어렵냐는 말까지 나옵니다.

사실 무엇이 진보 혹은 진보 진영의 의미인지 의문이 들 때가 많습니다. 자신이 진보적이라고 생각하는 사람들은 국민주권, 시민혁명, 청년미래, 성평등을 외치지만, 정작 문제의 핵심은 가장 친근한 혹은 함께 일하는 타인과 공정한 관계를 맺을 수 있는가 하는 것입니다. 일상의 민주주의를 지향하고 경험해본 적 있는 사람이 진보적인 사람이라고 생각합니다. 여성운동계도, 활동가들과 연구자들도 상호 존중하는 관계를 맺는 훈련이 더 많이 필요합니다.

SNS에서 각종 사회 현안에 코멘트를 하는 사람들의 수가 기하급수적으로 많아졌습니다. 소위 손가락 진보(finger leftist) 혹은 분노한 우파도 흔히 목격합니다. 손가락으로 '좋아요'를 누르거나 "이제는 시민혁명이 일어나야 합니다."라는 댓글을 달면 진보일까요? 디지털 테크놀로지가 야기하는 진보와 보수의 가벼움, 운동의 무(無)신체성에 대해 생각해볼 필요가 있습니다. 손가락 하나 까딱해 신용카드로 크라우드펀딩에 참여하면 내가 사회운동과 공동체에 참여한다는 일종의 정치적 판타지를 가질 수 있는 상황에서 과연 라이프스타일로서의 사회운동이 가능할까를 질문해봅시다. 우리의 몸과 정서가 이동하지 않은 채 언어나 이미지로 윤리적, 실천적 표현만 한다는 게 어떻게 가능할까요? 혐오와 차별의 화염을 입과 글로 수만 번 뿜어대면 자기가 원하는 세상이 올까요? 물론 그렇다고 현재의 상황을 비판적이고 냉소적으로만 바라보고, 참여도 하지 않는 것이 문제를 해결해주지는 않습니다.

여성의 신체라는 희생 제물

우리의 현실은 일상이 자본에 의해 식민화되고, 인간의 정서와 신체마저 '상품'으로 환원되는 국면을 맞이하여 무엇이 내가 선택한 것인지도 모르게 되었지요. 타인에게 양도할 수 없는 신체 자체가 상품과 자본 생산의 지점이 되고, 이를 위해 무차별한 모욕과 폭력이 자행되는 여건은 우리가 알고 있던 '근대'의 신화들을 허망하게 만듭니다. 근대성을 선전했던 논리는 그것이 문명화의 작업이라는 것이었습니다. 문명화라는 개념은 곧 인간 신체가 폭력의 현장, 자원, 소유물로 간주되는 야만의 시대로부터 벗어나서 인간이라는 사실 자체로 존엄성과 위엄을 갖는 사회로의 이행을 의미했습니다.

하지만 현대 자본주의 체제하에서 인간의 신체는 더 이상 존엄의 대상이 아니라 쉬운 희생 제물이 되고 있습니다. 달리 말하면 사회적 약자를 무시하는 데 너무 익숙한 사회가 돼가고 있지요. 개인의 '시장 가격'에 따라 가장 위험한 일에 배치되어 훨씬 더 쉽게 각종 사고와 위험에 노출되고, 학력이 낮거나 어리거나 여성이거나 외국인이라는 이유로 '생명의 값어치' 또한 별 볼 일 없는 것으로 평가받습니다. 한편 전통적 권력의 경계를 넘어가는 사람에 대해 '제자리로 돌아가라.'는 협박과 신체 훼손이 증가하고 있습니다. 이를테면 견고하던 젠더 위계를 해체하려는 여성이나 성소수자에 대한 사회적 매장이나 신체적 훼손, 즉 '죽음의 징치'를 통하여 자신들의 기득권을 과시하는 사건들을 목격할 수 있습니다.

그런데 이런 문제는 강남역 살인 사건이 잘 보여주듯 계급 불평등과 젠더 불평등이 어떻게 이분법적으로 구분되고 있는가를 일깨웁니다. 언론에서는 이런 폭력과 범죄가 도시 하위 계층 남성이 사회나 일터에서의 소외로 우울증이나 조현병 등 정신질환을 앓게 되어 발생하는 것이라는 서사를 전파합니다. 하지만 살인에는 분명 '원인'이 있고, 그 원인은 바로 여성에게 당한 무시라는 것을 강조했지요. 이 남성이 병을 앓게 된 장기적이고 총체적인 원인이 분명히 있는데도, 여성의 무시 한마디로 여성을 살해할 수 있다는 각본이 마치 잘 납득될 만한 인과관계처럼 제시되는 것입니다. 또한 이런 살인이 정신질환을 앓고 있는 소수에 의한 우발적 사고라는 점이 강조되어, 신자유주의 이후 계급 불평등이 어떻게 집단적 우울과 감정적 취약성을 낳고 있는지에 관해서는 논의조차 할 수 없었습니다. 결국 무고한 여성의 죽음은 소수의 정신질환자에 의한 우연적 사건이며, 동시대 남성이 동시대 여성들에 의해 '무시'당하는 것을 견디지 못한다는 언뜻 합리적인 양 보이는 진단으로 정리되었습니다. 무시받았다는 감정은 매우 주관적인 느낌임에도 불구하고, 마치 여성들의 차별 호소에 견줄 만한, 남성이 당하는 차별처럼 사회적 이슈로 부각되었습니다. 그에 따라 여성이 하는 어떤 말도 남성에 대한 무시가 되고, 여성의 언어에 대한 적대적 상황이 한층 가속되었습니다. 저도 무슨 분석적인 말만 하면, '흥분'하지 말라고 반응하는 남성 동료 때문에 흥분이라는 단어가 검열로 작동하는데, 여성의 '무시'에 대한 이런 사회적 서사도 마찬가지 효과를 내죠.

무엇보다 이 사건은 여성의 신체성이 여전히 쉬운 희생 제물이 될 수 있음을 보여줍니다. 더불어 만연한 경쟁과 줄 세우기에서 도태된 사람들에 대한 사회적, 정신적 소외의 급증에서 비롯되는 정신질환을 소수의 낙오자 남성의 문제로 축소하고요. 그럼으로써 젊은 여성과 정신질환자라는 실질적인 위험에 노출된 존재들이 피해자성을 둘러싸고 상호 경합적이고 상호 비방적인 경쟁을 벌이는 장을 만들어냈습니다. 여성의 죽음은 우발적 사건, 조현병, 여성의 무시라는 키워드로 정리되었고, 계급 및 젠더 불평등을 자연 질서화한 다양한 층위의 남성 연대는 별로 변화하지 않았습니다.

요컨대 근대의 기획이 물질적 풍요와 개인성에 대한 존중을 가져오리라는 기대는 물질과 물질주의적 가치에 압도되었고, 그 결과 기존의 불평등은 더욱 심화되었습니다. 그리고 성평등이라는 근대적 약속은 실현되지 못한 채 여성의 나이, 몸매, 여성성의 표출 여부 등에 따라 모든 신체 부위에 값을 매기는 사회를 맞닥뜨렸습니다. 이런 상황에서 우리가 생각했던 진보된 미래는 무엇이었나 재고해볼 필요가 있습니다. 그것이 우리가 구체적으로 토론하고 담론화해서 만들어가고자 하는 미래인가, 아니면 자본가나 테크놀로지, 국가가 미래라는 이름으로 제시한 상인가에 대해 의문을 갖는 것이죠. 이런 고민과 함께, 그렇다면 우리는 어떤 미래로 향할 것인지를 생각해봤으면 합니다.

자율의 의미:
사회적 연대, 자기 조직화, 관계성

삭막한 현재로부터 어떻게 위치 이동을 할 수 있을까요? 우리는 시간, 물질, 정서, 관계의 풍요로움을 원합니다. 너그러움, 관대함, 부드러움, 매끈함, 즐거움 같은 감각으로 이동하고 싶어 하죠. 척박함, 건조함, 빡빡함 같은 것은 우리가 원하는 현재가 아닙니다. 그런데 이 풍요로움이라는 개념을 우리는 어떻게 이해하고 있나요? 이탈리아의 마르크스주의 이론가이자 미디어 활동가, 사회 비평가인 프랑코 '비포' 베라르디(Franco "Bifo" Berardi)는 『미래 이후』에서 이런 질문을 하며 시작합니다.[42] '풍요로움'의 의미는 무엇일까? 이 개념은 '소유'를 의미할까? 내가 더 많이 가지면 풍요로워질까? 아니면 그것은 '향유', 곧 함께 무언가를 누릴 수 있는 관계적인 혹은 공동체적인 상황에서 올까? 풍요로움은 사물의 소비와 연관되는 걸까? 내가 무엇을 더 많이 씀으로써 획득되는 것일까, 아니면 시간 속에서 자유롭게 흘러가는 기쁨과 관련되는 걸까? 이 개념은 경쟁과 관련되어 있을까, 아니면 연대와 관련되어 있을까? 다른 사람의 것을 더 빼앗으면 풍요로워질까? 남은 시간 동안 이 풍요로움이라는 개념을 이해하면서 조금 다른 형태의 풍요로움을 여성주의적으로 재의미화하는 과정에 참여하고, '라이프스타일로서의 페미니즘 정치'가 대체 무엇인지 사유해보겠습니다.

　　억압, 강제, 속박 같은 개념이 노예를 상징한다

42— 프랑코 '비포' 베라르디, 강서진 옮김, 『미래 이후』(난장, 2013).

면, 독립적 인간, 평등한 인간이 되는 데에 가장 핵심적인 개념은 '자율'입니다. 그렇기에 많은 학자들이 자율의 의미를 논했습니다. 지난 시간에 다뤘다시피 앙드레 고르는 스스로의 선택으로 친밀하고 미시적인 형태의 마을, 학교, 지역 등의 관계망을 만들어내는 우리의 역량과 에너지를 자율노동이라고 불렀죠. 그것은 경제적 합리성과 강제적 질서에 의해서 노동력이라는 이름으로 매매되는 타율노동과는 성격이 분명히 다릅니다. 인간은 기계가 아니기에 창조력, 기쁨, 활력을 느껴야만 살아갈 수 있고, 스스로 결정한 활동으로 타인의 인정을 받고 '이름'이 불리는 것을 의미 있고 보람차다고 여깁니다. 즉 사회적 동물이 된다는 것은 바로 그런 활동을 의도적으로 선택한다는 뜻입니다.

또한 자율은 사회적 연대를 창조하는 능력입니다. 정형화된 집단이 아니라 평등한 멤버십을 전제로 한 상호 관계적인 연대 말입니다. 모든 운동이 연대를 강조하지만, 정작 연대를 위해 모인 회의에서 충분히 서로의 의견을 청취하지도 않은 채 '조직'을 건설하곤 합니다. 예컨대 이런 식입니다. "그럼 대표는 누가 할지 정합시다. 누가 하실 건가요? 대표는 아무래도 연장자인 '어르신'이 하시는 게 좋을 것 같습니다." 비교적 젊은 여성들의 모임은 '말 잘하는 여성'을 간사 혹은 이끔이로 추대하기도 하지요. 우리는 연대하겠다고 하자마자 우리 목소리가 누군가에 의해 대의되거나 대표되어야 한다고 믿고 있습니다. 이런 상황에서 연대를 창조하는 능력을 어떻게 키워갈 수 있을까요?

자율은 착취의 지배 바깥에서 자기 조직화할 수 있는 능력이기도 합니다. 무언가를 도모하려 하면 바로 이렇게 되기가 쉽죠. "홍보는 누가 하시겠어요? 글은 누가 쓰실 거죠? 김현미 선생님이 교수니까 우리의 연대 취지를 쓰세요.(웃음) 돈은 어떻게 모을 거예요? 크라우드펀딩 누가 진행하실래요? 컴퓨터 잘 하니까 ○○ 씨가 하는 게 어때요?" 감정을 나누고 고민을 나누기 전에 일을 나눕니다. 그러다 보니 모임에서 가장 나이가 어리거나 유능하게 보이는 사람들이 '독박'을 쓰게 됩니다. 일을 나눈 뒤에는 서로 제대로 하나 감시해요. "12시까지 제가 채팅방에서 기다렸는데요. 현미 님은 아직도 글을 안 쓰셨나 봐요."(일동 웃음) 이런 식으로 일종의 규율 공동체가 됩니다.

카카오톡, 페이스북, 텔레그램 등 모든 메신저와 SNS가 순식간에 책임감 있고, 일 잘하고, 약속 잘 지키는 자아를 보여주기 위한 메시지와 게시물로 가득 찹니다. 물론 메시지가 쉼 없이 오가면서 무언가 빨리 이뤄지고 있다는 느낌, 추진력과 연대의 감각도 생깁니다. 또 메신저 대화방은 내 몫을 해냈다는 성취와 자아 선전의 전시장이 되기도 합니다. 가끔은 내심 우리가 이 방에서 무엇을 공유하고 있는지 의문도 생기죠. 무엇보다 정보를 체계적으로 소화해 일관된 스토리를 만들기가 힘들 때가 있습니다. 그런데 서로 칭찬하고 이모지 날리는 것만 '허용'되고, 토론이나 고민을 터놓기는 조금 어려운 소통 환경입니다.

함께 무언가 하고 있는 존재들 사이에 아직 관계의 역사성이 생긴 것도 아닐 때, 상대의 성격도, 상처도 모르기 때문에 분명 조심해야 하는 부분이 있습니다. 그런데 시간을 꽤 오래 함께 보낸 사람들이라도 '일' 중심으로만 만나면 신뢰가 쌓이지 않아요. 한 번도 우리가 무슨 생각을 하는지, 감정이 왜 이렇게 메말랐는지, 혹은 왜 특정한 감정만 표현하고 있는지, 우리가 구성하려는 연대와 자율의 세계에서 무슨 감정을 느끼고 싶은지 얘기할 겨를이 없기 때문입니다. 그런 채로 계속 일을 나누면서도 자율 공동체라 이름 붙였고, 연대하는 방법이라 일컬었고, 그것을 잘할수록 조직 능력이 있다고 했습니다. 운동의 대의에 동의해도 이견을 내면 낙인찍고, 과정을 질문하면 금방 돈과 일 분담으로 넘어가면서 지불 능력에 따라 연대의 범주를 구획해버립니다. 디지털 영역에서는 그 속도가 더욱 빠르죠.

지금 다들 많이 소모되신 상태지요? 여기 NGO 또는 기업에 계시거나, 일터는 딱히 없지만 여러 프로젝트에 동원되거나, 스태프 아니면 봉사자 역할을 하시는 분들도 계시죠. 스스로 돈 때문이 아니라고 생각한다고 해도, 바로 자율노동이 되지는 않습니다. 하고 있는 일에서 내 자아의 어떤 부분을 드러내며 교류하고 인정받고 있나요? 요즘 모든 소통의 주된 통로인 메신저 앱만 봐도, 임무가 완수되면 방에서 나가거나 한 시간이 멀다 하고 연락을 주고받던 상대들이 때론 이름도 가물가물할 정도로 금방 과거의 인연처럼 돼버립니다. 자율이란 혼자서 실현하는 게 아니라 사회적으로 관계 맺고 있다는 감각 안에서 자기 일과 입장을 드러내고 공유하는 것입니다. 공통된 문화적 흐름과 감수성을 형성해가는 과정이 자율입니다. 다시 말해 일상생활, 일터, 동네, 지역, 취향 공동체 등에서 연결된 사람들 간의 정동적 관계가 구성되는 것이 중요하겠습니다. 여기서 정동(affect, 情動)은 감정(emotion)과는 다릅니다. 정동은 감정과 몸이 떨어져 있지 않다는 관점을 전제하죠. 감정이나 정서(sentiment)가 동(動)에까지 연결될 때에만 정동이라고 부릅니다.

정동이라는 개념은 관계성에서 나오는 힘입니다. 정보를 교환하고 같이 보고 느끼고 정서를 공유하는 행위를 통해 서로의 인식을 변화시키고, 몸을 움직여 행동력을 끌어내는 것을 의미합니다. 정보, 소통, 감각이나 감정을 기반으로 이질적인 존재였던 다른 사람의 몸이 움직여지고 그 사람이 활력을 가지고 행동을 취하도록 유도하는 상황들을 정동이라고 부르거든요. 촛불시위가 한창일 때, '정동적 시민성(affective citizenship)'이라는 개념에 대한 논의가 활발했습니다. 무감하게 그 장소에 갔지만 청소녀들이 피켓을 준비해 와서 열심히 외치는 모습을 보고, 나도 열심히 참여해야겠다고 마음먹게 되는 것, 어떤 정보나 다른 사람과의 관계에서 나의 에너지와 감정이 몸의 실천으로 변화하는 것이죠. 팬덤도 정동적 노동을 끊임없이 수행하는 스타와 팬들의 공동체적 유대감으로 형성되어 있습니다. 따라서 자율이란 사적 관계보다는 사회적 관계 안에서 구성되는 감정의 회로망입니다. 이 감정의 회로망이 구체적인 행동을 이끌어내고 그 행동과 연결될 때 정동이라고 부릅니다. 지금 많은 페미니즘 운동이 정동에 의해서 우러나고 있지요. 예전처럼 후기구조주의와 주디스 버틀러를 머리를 쥐어짜며 혼자 공부하면서 인지적 고통의 결과로 페미니즘을 이해하는 것에 큰 관심을 두지 않습니다. 사실 페미니스트가 된다는 것은 이런 어려운 담론과 지식, 질문 들과 분투하며 인식의 깊이를 더해가는 것이 필요합니다.

내 몸이 위협에 처하고 있다는 느낌, 내가 알지도 못하는 사이 아주 친숙한 사람들이 카카오톡에서 내 얘기를 하고 있다는 느낌, 내 얘기를 할 뿐 아니라 나의 가슴 부분 사진을 올려서 킥킥대고 있다는 느낌, 이런 느낌과 정보가 어떤 분노를 자아내고 있는지를 아는 여성들이 행동하고 있습니다. 그리고 토론 과정에서 '시선 강간' 같은 개념이 생기고 운동의 목표가 만들어집니다. 그런데 그것만으로 충분히 연대의 공동체가 만들어지지는 않습니다. 요즘 젊은 여성들의 시위에서는 어디에서 왔는지 묻지 않고 서로 말을 걸지 않는 게 불문율이잖아요. 마스크 쓰고 선글라스 끼고 열심히 같은 구호를 외치지만, 너와 나의 '신분'이 드러나면 또 다른 위계가 발생한다고 보는 거죠. "언니도 Y대 나왔어요?" "무슨 과 나왔어요?" 이런 대화를 하다가 관계가 위계화되면서 아주 사소한 갑질을 시작한다든가, 연대라는 이름의 위계와 대표 체제가 구성된다든가 하는 일을 거부하는 흐름이 강하게 형성되어 있습니다. 나의 개별적 의지에 영향력을 미칠 수 있는 위계, 연고, 명령으로부터 자신을 방어하고, 우리 모두는 평등하게 연결되어 있을 뿐임을 표상하는 방법이라고 할 수 있겠습니다. 동시에 사회변혁 운동으로서의 응집된 목소리를 갖춰야 한다는 명분도 지키고요. 사실 우리가 목격하고 있는 페미니즘의 대중화 시대는 페미니스트들도 특화 혹은 특권화되지 않는 방식으로 스스로를 검증해가야 함을 일깨웁니다.

그럼에도 불구하고 최근에는 좀 답답하다는 생각이 듭니다. 내가 스스로 참여를 결정하고 참여 과정에서 낯선 여성들, 소수자들의 이야기를 들으면서 자신의 관점을 확장하는 것이야말로 페미니즘의 자율성과 개방성이지요. 그런데 최근 운동 방식은 어떤 이질적인 목소리, 해석, 비판을 허용하지 않는 팬덤과 유사해졌다는 생각이 듭니다. 이를테면 페미니스트들이 염두에 두는 감정적, 인지적 연대의 윤리가 있습니다. 운동 조직이나 오래 활동한 페미니스트들이 포함된 시위에서는 여전히 말 걸기가 중요합니다. 같은 시위 현장에 나온 사람들끼리 서로 눈인사하기, "지난번에도 봤는데 또 나오셨네요?" 하고 소통하기. 그렇게 서로를 알아가고 연대하는 기분을 느꼈지만, 지금은 불문율처럼 익명의 원칙을 지키는 경향이 더 강하게 느껴집니다. 또 워낙 여성혐오가 조직적인 방식으로 일어나기 때문에, 이에 대항하기 위한 페미니즘 운동이나 시위 또한 무시 못 할 단결력과 단호함을 표현하기 위해 분리주의를 강조하는 것 같습니다. 그렇지만 생물학적 여성만 시위에 참여할 수 있다고 주장하고, 시위 현장에 오는 사람의 옷차림과 모습을 살펴보는 것이 오래 운동을 해온 저 같은 시니어 페미니스트에게는 매우 낯설고 억압적이라는 느낌도 주었습니다. 광장은 펜스를 치는 곳이 아니라 펜스를 깨부수는 곳이 되어야 한다고 생각하니까요.

여기서 흑인 페미니즘 사상에서 중요한 역할을 한 페미니스트 바버라 스미스(Barbara Smith)의 말을 떠올려보고 싶습니다. "자율성과 분리주의는 근본적으로 다르다. 자율성은 강인함에서 나오는 반면에 분리주의는 공포에서 나온다. 진정으로 자율적일 때 우리는 다른 종류의 사람, 다양한 쟁점, 차이를 다룰 수 있다. 견고한 힘의 토대를 형성했기 때문이다."[43] 그런 점에서 페미니즘의 대중화가 고무적이지만, 그것의 토대는 여성혐오나 '색출되어 매장되기'에 대한 공포, 불안 등의 감정과 깊이 연루되어 있는 셈이지요. 그렇기에 이런 감각을 공유하는 '나 같은 존재'하고만 교류하겠다는 의식이 강해지는 것입니다. 이런 시기를 몇 년 보낸 후, 현재 적지 않은 페미니스트들은 파워 트위터리안이면서

[43]— Barbara Smith ed., *Home Girls: A Black Feminist Anthology*(Rutgers University Press, 2000).

외로움을 호소하기도 하고, 오프라인의 일상적 관계에 정착해 있으면서 지루하고 답답해하기도 하는 것 같습니다. 다른 관점과 운동 방식을 추구하는 페미니스트들 간의 사이버불링 같은 경험에 지쳐, 자신에게 맞는 적절한 참조 집단을 찾아 헤매거나 떠도는 사람도 있고요. 이를테면 충분히 진취적이고 즐거운 운동은 아직 아니라는 뜻이겠습니다. 여전히 좌절, 고립감, 적대적 반응에 시달리는 페미니스트 개인들은 동지를 만나는 광장에서도 자신을 시원하게 드러낼 수 없는 억압된 자기 보호를 해야 하는 상황에 놓여 있기 때문입니다.

먹고살기의 감각

페미니스트가 된다는 것, 페미니스트로 살아간다는 것을 생각할 때, 여성들은 쉬이 '직장 잡는 것이 쉽지 않을 것이고, 들어가서도 적응하지 못해 금방 나올 것이고, 그래서 결국 가난해질 것'이라는 생활 실패자의 시나리

오를 연상합니다. 임금노동은 필수적입니다. 교류와 연대를 전제로 하는 페미니스트 라이프스타일도 어느 정도 경제적 소득이 있어야 가능합니다. 하지만 경제적 소득이 꼭 회사에 자신의 영혼을 갈아 넣고, 비(非)페미니스트로 통과되어야만 생기는 것은 아닙니다. 영국의 경제학자 가이 스탠딩(Guy Standing)은 『프레카리아트』에서 '사회소득'에 대해 말했습니다.[44] 자본주의 사회는 임금노동에 의한 화폐소득만을 소득으로 치지만, 그것이 소득의 전부가 아닙니다. 내가 어떻게 먹고살고 있고, 이 나이까지 누구의 도움으로 살아왔는가를 따져보면 내가 획득한 사회소득의 총량이 나옵니다. 한번 계산해보세요. 여기에는 일단 내가 직접 생산하는 먹을거리나 재화, 서비스가 속하겠죠. 그리고 교환을 통해 얻는 것도 있습니다. 그다음에 임금노동을 통해서 얻는 화폐소득 그리고 가족이나 지역공동체, 국가가 제공하는 원조금이 있습니다. 우리의 생계를 꾸리는 데는 분명히 가족, 때로는 친구, 지역공동체가 제공하는 원조금이 들어가 있습니다. 또한

44— 가이 스탠딩, 김태호 옮김, 『프레카리아트: 새로운 위험한 계급』 (박종철출판사, 2014).

여러분도 부모나 친구, 낯선 사람에게, 운동에도 돈을 지불합니다. 여러분 중에 사업 망한 오빠에게 억울하지만 매달 몇십 만 원씩 보내는 사람도 있을 거예요.(일동 웃음)

실업이 증가하고 일자리가 부족해지면 국가에서 제공하는 사회적 수당이 점점 중요한 역할을 하게 됩니다. 그래서 기본소득 논의가 많이 나오고 있죠. 모든 시민에게 성별, 나이, 재산이나 노동 여부 등과 무관하게 조건 없이 주어지는 보편수당이 기본소득입니다. 임금노동을 하지 못하게 되어 사회 밖으로 밀려나거나 추락하게 될 때, 충격이 완화되도록 바닥에 잔디밭이라도 깔아주자는 의미에서 최저 생활이 가능한 소득을 보장하는 것입니다. 삶은 장기적이어서 때로는 5년 정도 정규직으로 일하면서 세금 착실히 내고, 이후 두어 해는 프리랜서로 자기가 낸 세금이나 사회적 서비스의 재분배를 통해 생활을 영위하게 될 수도 있어요. 이후에는 다시 돌봄노동을 하면서 소득을 얻을 수도 있고, 나이 든 부모를 돌보다가 집을 물려받아 노후가 안정될 수도 있겠죠. 무엇보다 우리는 성평등과 정의로움이라는 가치를 사회에 확산하면서 사회적 재생산과 발전에 기여했기 때문에 당당함과 자존감을 지니고 살아갈 수 있습니다. 누군가에게 폭력을 가해 돈을 얻지 않았고, 불의를 퍼뜨리지 않았다는 것에 대해서 말입니다.

어떤 여성은 알뜰하게 저축하고, 어떤 여성은 투자자가 되어 경제적 독립을 해나갑니다. 또 매우 다양한 유무형의 사회적 교환이 존재합니다. 신용, 다시 말해 빚도 가져다 쓸 수 있고요. 한국에서 빚을 지지 않고 사는 사람이 많지 않습니다. 학자금 대출, 주택 대출이 기본이죠. 실제로 우리 생활은 임금소득에만 의존해서 이루어지지 않습니다. 완전한 경제적 자립에 대한 심리적 압력을 받지만, 어떤 면에서 그것은 사실상 불가능하다는 뜻입니다. 내 평생소득이 임금노동만으로 채워지지 않는다고 할 때, 교환, 원조, 빌려 쓰기 형태의 소득은 대개 누군가와 관계를 맺을 때 생겨나는 소득입니다. 고립되지 않고 서로 얼굴 보고 살아갈 때, 내가 어려움을 호소하거나 누군가가 호소하는 어려움을 들음으로써 형성되는 자원이나 소득이 많지요. 때로는 비화폐적이지만 실질적으로 도움이 되는 정보나 자문, 상담 또한 큰 자산이 됩니다. 주변 여성들을 보면, 놀랍게도 페미니즘 네트워크에서 만난 사람들로부터 일자리나 아르바이트 자리를 소개받는 경우도 무척 많습니다. 서로 페미니스트라는 것을 알게 되면 알선, 중재, 지원을 적극적으로 해주는 것 또한 이 동네의 윤리입니다. '우리는 연결될수록 강하다.'라는 말에는 연결되면 일자리와 돈도 따라온다는 의미도 담겨 있는 것이지요.

페미니스트 '라이프스타일'

현대 사회에서는 사회적으로 의미 있는 일을 하면서 자기 라이프스타일을 구성하고자 하는 욕구도 상당히 큽니다. 예를 들어 윤리적 소비를 실천하고, 동물권 운동에 참여하는 경우가 그렇습니다. 1990년대 등장한 라이프스타일 페미니즘도 그런 흐름 중의 하나일 수 있습니다. 지금껏 소비자본주의가 어떤 방식으로 여성들을 노동시키고, 여성들로부터 돈벌이를 하는지 이야기했는데요. 소비자본주의를 통해 페미니즘이라는 거친 정치가 연성화되기도 합니다.

그러면서 나타난 것이 라이프스타일 페미니즘이죠. 페미니즘에서 법과 제도를 바꾸는 정치학의 문제뿐 아니라, 무엇을 먹고 어떤 것을 입고 자기 정체성을 표현하는가의 문제도 중요해지는 것입니다.

　　　　현재 한국에서도 자주 목격되는 추세지요. 대표적으로 여성에게 코르셋처럼 강요되는 '꾸밈 노동'을 거부하자는 '탈코르셋(탈코)' 운동이 있습니다. 이에 대해 여러 입장이 있습니다. 화장을 할지 말지, 하이힐을 신을지 말지, 어떤 옷을 입을지 같은 문제를 두고 예전에는 마음대로 하는 여성이 '해방된 여성'이라고 생각했지만, 지금은 이것이 너무나 민감한 정치의 영역이 됐습니다. 제 주변에도 꾸밈 노동을 하지 않겠다고 선언한 여성이 굉장히 많습니다. 온라인에서는 탈코르셋 인증 붐이 불었죠. 뷰티 시장의 인플루언서가 머리를 자르고 화장품을 버리는 유튜브 영상을 본 적이 있습니다. 여성들은 자신에게 강요된 화장과 옷차림으로 남성보다 더 많은 비용을 지출하고 억압을 당한다는 주장이 담겨 있었습니다. 꾸밈 노동을 어디까지 안 해야 진정한 페미니스트인가? 누구의 시선과 기준에서 나는 탈코르셋 한 사람으로 인정받을 수가 있는가? 이런 질문을 중심으로 10~30대 여성들이 거대한 운동의 회로망을 만들어냈습니다.

한국 페미니스트들은 몇 년간 '잡년 행진'이라 불리는 '슬럿 워크(slut walk)' 운동을 벌였습니다.[45] 2011년 캐나다에서 시작된 이 운동은 "여성들이 성폭력의 대상이 되지 않으려면 잡년(slut)처럼 옷을 헤프게 입지 말아야 한다."라는 경찰관의 말에 저항하여 수많은 여성들이 소위 '야한 옷'을 입고 거리에 나와 행진을 했던 것이 그 계기였습니다. 이 운동은 여성이 언제, 무엇을 입고, 어디를 걷든 간에 성폭력을 당해서는 안 된다는 강력한 메시지를 발신하는 것입니다. 이후 '잡년 행진'은 여성들이 성폭력의 위협 없이 밤길을 자유로이 걸을 권리를 주장하는 '밤길되찾기 시위'로 이어졌고, 성폭력은 피해자의 옷차림 문제가 아니라 가해자가 벌을 받아야 하는 범죄라는 사실을 일깨웠습니다. 탈코

45— 지현, 김혜정, 김현진, 「[논쟁] '슬럿워크' 운동에 대하여」, 《한겨레》(2011년 7월 19일 자), www.hani.co.kr/arti/opinion/argument/488082.html.

탈코르셋 운동에 참여하는 여성들은 SNS에 인증샷을 올려
다른 여성들의 참여를 독려했다.

와 슬럿 워크는 여성이 어떤 옷을 입고, 어떻게 화장을 하면
(또는 안 하면) 평등과 정의를 쟁취할 수 있을까에 대한 페미
니즘의 오랜 고민의 매우 다른 표현 방식입니다.

어떤 옷을 입든 그것은 우리의 자유라는 입장
과, 꾸미지 않아야만 여성은 억압적인 남성 지배에서 진정
으로 해방될 수 있다는 입장은 여성성을 둘러싸고 벌어지
는 통제와 강요에 대한 저항이지요. 한데 탈코 운동마저 때

로는 여성의 몸이 다 다르고, 몸과 관련해 서로 다른 경험을 하고 있다는 점을 간과하는 것 같습니다. 누군가에게 꾸밈과 화장은 오히려 여성성을 과장하여 여성이 아님을 보여주는 페미니즘의 전략일 수도 있습니다. 타투처럼 표현하는 화려한 화장으로 그로테스크한 여성을 연출함으로써 가부장제 사회의 여성 억압을 고발하는 일군의 급진적 소녀들도 있었어요. 또한 모든 여성에게 탈코르셋의 방식이 같을 수는 없습니다. 한편 꾸밈은 연출이고 연행의 성격을 띠고 있기 때문에 어떤 방식으로 화장하고, 옷을 입고, 장신구를 달고, 자세를 취하느냐에 따라서 그 자체로 '탈젠더화'된 정체성을 보여줄 수도 있습니다. 이 재미없는 남성 중심 사회에서 자기 통제, 금욕, 조절, 희생을 강요받아온 여성들이 즐거움, 쾌락, 행복, 개인화를 선택하겠다고 할 때, 그것의 표현 방식은 창의적이고 다양할 것입니다.

탈코는 여성에게 기대되는 외모 압박에서 벗어나 화장품도 덜 쓰고, 옷도 덜 사며, 소비를 줄이는 실천으로 이어질 수 있습니다. 하지만 모든 라이프스타일 페미니즘이 탈소비나 자본주의에 대한 대항과 연결되는 것은 아닙니다. 라이프스타일 페미니즘은 상당 부분 소비자본주의와 연동되어 나타나고 있기도 합니다. 무엇을 먹고 입으며 어떻게 나를 보여주느냐가 곧 페미니스트의 정체성을 보여주는 선택이라고 보며, 소비자본주의를 통해 이를 실현하는 것이 '라이프스타일 페미니즘'이라면, 제가 주장하는 '페미니스트 라이프스타일'은 살아냄과 살아내기에 더 방점이 찍혀 있습니다. 페미니스트라는 새로운 정체성의 획득에 기뻐하고, 이런 상태를 건강하게 지속하기 위해 어떻게 가치를 통합하고 연대를 모색하고 관계를 이어갈지 고민하는 생활 방식 말입니다. 바꿔 말하면 여성 억압적 체제와 인종, 계급, 섹슈얼리티 등에 의한 불평등이 결합하여 만들어내는 부정의(injustice)에 맞서 싸우고자 '사는 방식'을 바꾸고, 관계를 맺고, 먹고사는 문제를 해결해가는 것을 페미니스트 라이프스타일이라고 정의하고 싶습니다. 페미니스트들은 선택을 통해서 삶의 통합성을 이루려 하고, 그러기 위해 끊임없이 정진하고 노력해서 대안적 삶의 양식을 구성하려 합니다. 그에 대한 자부심이 있습니다. 이를 달리 보면, 페미니스트 라이프스타일은 당사자에게는 정의를 건 싸움이지만 즉각적인 성취와 만족, 행복감을 약속하지는 않는다는 뜻입니다. 여성 개인이 자신의 참조 체계라 여기는 주변 여성들 다수가 참여할 때만 집단적 흐름이 되어 가시적인 변화를 가져올 수 있습니다.

이동의 기술들

현재를 어떻게 살아내야 할까요? 우울과 분노, 고립감에서 벗어나 익명화된 페미니즘 운동에서 관계 맺기의 미학을 추구할 수 있을까요? 페미니즘 하면 빈곤해진다는 자본주의의 주술에 맞서 어떻게 담대하게 먹고살아야 할까요? 바로 나의 현재, 여기의 현재를 직시할 때만 이동의 방향을 정할 수 있습니다. 많은 여성들이 사회적, 경제적 불안정에 공포를 느끼고, 미래를 상상할 수 없다는 불안으로 특정한 선택들을 내립니다. 불안에서 오는 선택이 문제라면, 불안의 이유를 직시하고 불안을 종식하는 데 필요한 공적 자원에 접근할 여성의 권리를 주장하면서 시민권으로서의 재분배 정치에도 적극 참여해야 합니다. 임금소득뿐 아니라 사회적 소득을 늘리기 위해서는 국가나 지역의 공공 기금에 대한 우리 몫을 주장하는 일에 나서야 합니다.

하지만 국가나 지역이 여성의 삶에 개입하는 방식은 늘 '가부장'의 형태입니다. 예를 들어 1인 가구 여성이 증가하면서 여성의 안전을 보호하겠다고 나서는 관의 개입이 증가하고 있는데요. 이런 개입에서는 서울시가 여성 1인 가구에 지원한다고 선전하는 디지털 비디오 창, 문 열림 센서, 휴대용 비상벨, 현관문 보조키 등 '불안해소 4종 세트'나 여성안심택배, 밤길 안심귀가 동행서비스, CCTV 설치 같은 조치 외에는 뾰족한 수단이 없는 것처럼 논의됩니다. 사실 이런 조치들은 꼭 1인 가구 여성을 위한 것이 아니라, 도시의 치안 불안에 대처하는 일반적 조치입니다. 그런데도 여성을 '위한' 대책으로 필요 이상으로 선전되고 있지요. 이런 가부장적 개입은 1인 가구 여성을 '위험에 빠진', 혹은 불안에 시달리는 여성으로 재현하는 것을 정당화합니다. 1인 가구 여성이 특정한 감정 상태에 있는 취약한 여성으로 범주화되는 것에 저항해야 합니다. 일, 학업, 독립을 위한 라이프

지자체에서 시행한 '여성안심마을' 홍보지.

스타일로 1인 가구를 선택한 여성이라는 점도 함께 이야기
되어야 합니다.

　　　제가 만나본 1인 가구 여성들은 익명의 타자들
과의 피상적인 만남보다는 매우 축소되고 긴밀한 사회관계
를 유지하지만, 서로의 사는 방식을 존중하는 '인정의 거리'
를 필요로 합니다.[46] 그렇지만 1인 가구 여성에게서 태동하

는 새로운 삶의 가치들을 반영하는 '거주 모형' 개발이나 자
원 투자는 전혀 이뤄지지 않고 있습니다. 서구 및 일본에서
유행 중인 '코하우징' 방식은 이러한 주거 모델의 한 사례라
할 만합니다. 1인 가구와 같은 주거 독립성(침실 및 개인 공간
분리)을 유지하면서 공동 부엌과 텃밭 등의 공유 공간을 이
용해서 공동 노동을 가능하게 하는 형태입니다. 신뢰할 만
한 사람들과의 일상적 관계는 불안에 대처하는 다양한 상
상력을 이끌어내죠. 여성에게 1인 가구라는 개념은 완벽히
고립된 여성들의 집만을 의미하는 것이 아닙니다. 이는 비
규범적 생애 과정을 경험하는 여성들의 삶에 필수 불가결한
시공간을 의미합니다. 여성들은 가족과의 예측할 수 없는
이별이나 경제적 상황, 독립의 열망 등에 의해 '혼자' 사는
삶을 상상해야 하는데요. 더구나 혼자의 삶이 일시적, 임시
적인 것이 아니라 일상적, 장기적인 것이 될 수도 있습니다.
한편 이 1인 가구는 완벽한 혼자가 아니라, 가족이나 파트너

46— 김현미, 「1인가구여성, 구조적 한계와 능동적 선택 사이에서」,
한국여성민우회 주최 '1인가구여성, 이기적 선택은 있는가' 토론회
발표문(2016년 10월 20일).

외의 낯선 사람, 친구, 동료와의 관계성 속에 놓인 독립적 자아를 의미합니다. 즉 1인 가구 여성이란 늘 누구와, 어떻게, 어떤 형태로 살 것인가를 사유하고 실행하는 존재들입니다.

1인 가구 여성들은 신혼부부를 대상으로 한 행복주택에 집중되어 있는 정부와 지방자치단체의 주택 사업에 항의하면서 '세금을 내는 만큼의 혜택'을 주장하기 시작했습니다. 또한 생활동반자법 운동도 일어나고 있습니다. 이런 재분배의 정치나 가족의 의미 확장을 통해 '단절된 개인'으로 문제를 해결하는 습관으로부터 벗어나는 것이 곧 페미니즘 정치입니다. 자신의 문제를 가장 개인적이고 고립된 방식의 소비로 풀어내지 않고, 국가와 사회의 변혁 및 제도 변화를 거쳐 공동의 해결책을 마련하는 것이 바로 페미니즘 운동입니다.

소비주의적 감각과 사회적 감각을 사유하고, 라이프스타일의 사회운동화와 사회운동의 라이프스타일화를 함께 고민하자는 것이 이번 강의의 제안이었습니다. 우리는 '연결됨'의 감각과 정치력을 회복하는 사회적 움직임으로 나아가야 한다고 생각합니다. 페미니스트로 살아간다는 것은 내 주변에 살아 있는 더 많은 존재와 관계 맺는 방식을 고민하는 일입니다. 페미니스트 정의와 관련된 질문이 여성의 몸을 관통하는 폭력의 문제뿐 아니라, 다른 인간종과 비인간종에 대한 폭력으로까지 확장되어야만 합니다. 다수의 페미니스트들은 돈도 없고 부모 돈에 의지하지도 않아 빈곤 상태에 오래 머무를 수 있습니다. 바로 이런 이유 때문에 공공재의 질적 수준이 중요하고, 이에 대한 평등한 접근권이 필요합니다. 또한 공기, 물, 토양 등 자연이라는 공공재가 건강하고 안전해야 우리 몸의 건강도 유지할 수 있죠. 그만큼 공공재의 오염자가 되지 않기 위해 노력하고, 오염시킨 경우 그 부담을 지는 일을 게을리하지 말아야겠지요. 에코 페미니스트들은 '환경오염은 곧 여성의 몸에 대한 폭력'이라 선언하며, 성장과 개발은 자연과 여성을 회복 능력 이상으로 착취해서 얻은 결과라고 주장합니다. 젠더 불평등과 기후위기를 '상품' 소비로 해결하는 데는 한계가 있고, 무조건적인 과학기술 만능주의도 경계해야 합니다. 생명, 삶, 생활의 의미를 포함한 페미니스트 라이프스타일은 파괴, 폭력, 투기에 저항하는 매우 구체적이며, 급진적인 전략적 선택입니다.

질의응답

Q. 우리는 모두 소비주의 사회에서 살고 있는데, 소비주의 안에서의 페미니즘 실천은 어떻게 가능할까요?

A. 소유냐, 향유냐. 이번 강의에서 했던 질문으로 돌아가 봅시다. 프랑코 베라르디가 말한 풍요로움이란 무엇이었나요? 이 풍요로움이 꼭 소비함으로써 실현되는 걸까요? 아니면 그것은 사람을 만나 소통하고 함께 뭔가를 도모하는 과정에서의 즐거움일까요? 우리는 어떤 사물이나 서비스, 또는 그것의 상징을 소유함으로써 나의 정치적인 의견을 표현하는 걸까요? 파편화된 개인이 소비를 통해서 일률적인 정치적 입장을 표현하는 행위, 또는 소비자화된 개인이 소비 행위와 소비물을 통해서 자기 자신을 설명하는 방식은 자기 선언적이지만 충분히 공동체적이지 않습니다. 한동안 "페미니즘은 돈이 된다."라는 구호가 큰 호응을 얻었습니다. '꼴페미'라는 멸칭으로 불리다가 그런 구호가 등장하는 것은 감동적이지만, 과연 소비 행위 자체가 바로 새로운 사회적 공동체, 페미니스트 공동체를 생산했다고

할 수 있을까요? 그 자체를 어떤 정치적 실천이라고 할 수 있을까요? 실천이라면 왜인지, 실천이 아니라면 무슨 조건들이 더 필요한지 등에 관한 고민이 필요합니다.

소비자본주의 사회에서 무언가를 사면 그것이 표식이 됩니다. 그러니 사는 행위를 명료하고 구체적인 나의 행동이라고 여기기 쉽습니다. 불확실성의 시대에서 그것만큼 나의 자아를 보여주는 확실한 행위가 없기 때문에 우리는 정치도, 쾌락도, 사회적 연대도 소비를 함으로써 해결하려 합니다. 이처럼 소비가 우리 사회의 복잡한 관계들을 전부 장악하는 행태적 메커니즘이 되었다는 사실에 거리 두기가 요구되는 시점입니다. 그저 '사지 말자.'라고 말하자는 게 아닙니다. 물건의 소유가 의식의 변화와 동일시되지 않는다는 것을 생각해보자는 이야기입니다.

Q. '라이프스타일로서의 사회운동은 가능한가?'라는 질문을 던지셨는데, 선생님의 의견은 어느 쪽이신지 궁금합니다.

A. 지금처럼 상품이 다양하지 않고, 스스로 몸을 써서 농사를 짓던 당시의 라이프스타일은 어땠을까요? 자급자족뿐 아니라 교환 관계도 있었습니다. 생산물을 서로 나누고, 그것에 감사하기도 했을 것입니다. 또 노동하는 시간과 쉬는 시간, 사회적 관계를 형성하는 시간을 조정할 수 있었겠죠. 그런데 지금의 라이프스타일은 곧 소비자본주의하에서 어떤 선택을 하느냐, 어떤 맛집에 가고 어떤 브랜드를 선호하느냐는 식의 소비 취향으로 치환되고 그와 깊이 연동됩니다.

이제 스마트폰을 통해 상품을 '정보'로 접하게 됩니다. 우리가 디지털 자본주의 안에서 매일매일 하는 행위는 접속해서 정보를 검색하는 행위지요. 목적 없이 무수한 정보와 상품을 브라우징해서 고를 때 하나의 활동을 했다고, 하루 일과를 해냈다고 느낍니다만, 그러한 즉각적 접속과 행위가 무슨 의미인가요? 나-디지털 회로-상품의 유착만 강화되는 삶에서 어떻게 거리 두기를 할 것인가 하는 질문을 던져야 할 순간입니다. 이번 강의에서는 각 개인이 어떤 취향을 택할지를 질문하는 게 아니라, 타율노동과 회복하고 싶은 자율노동 및 자활노동 간의 균형을 어떻게 이루고 회복할지, 연대에 시간과 감정을 투여하는 자율노동을 어떻게 해나갈지를 질문하자고 말하고 싶었습니다.

소비자본주의에 장악된 라이프스타일이라는 개념을 어떻게 사회운동의 개념으로 회복할 수 있을까요? 전(全) 생산 과정에 주목하면서 노동이 사라지는 세계는 없다는 것을 인정해야 합니다. 한편 소비란 구체적인 자연 생명체, 화학물질, 기계, 인간의 노동 등이 결합하여 생산한 것을 사용하는 행위이니, 이 과정에서 덜 생태 파괴적인 결합 방식을 고안해내야 합니다. 그런 점에서 학교나 미디어, 정부 정책이 삶을 살리는 지식을 더 많이 알려주고 가르치도록 변화가 필요합니다. 도시의 '쿨'한 삶이 '배달 음식'으로 표상되고, 무자활노동과 편리함의 유혹이 해방이라 간주되는 생활 방식이 얼마나 심각한 쓰레기를 배출하는지를 아는 것도 중요하겠지요.

라이프스타일로서 사회운동은 먹는 것, 입는 것, 사는 것 자체가 '윤리적 가치'를 구성한다는 점에서 '정치 노선'보다 더 사람들 간의 긴장과 적대감을 일으킬 수도 있습니다. 기후위기를 해결하고 동물 착취에 반대하기 위한 비거니즘을 주장하는 사람과 육식주의자의 조우는 한 끼를 어떻게 먹는가를 둘러싼 가치 싸움, 인격 싸움, 기 싸움으로 번지기 쉬울 수 있지요. 취향이나 선호에 대한 문제는 곧 '혐오'의 감정으로 쉽게 변하기도 합니다. 하지만 이제 주류와 다수가 추구하는 라이프스타일이 너무 막대한 갈등과 생태계 파괴를 낳아 모두의 삶을 위협한다면, 라이프스타일 운동을 하는 소수의 제안을 적극 경청해서 선택과 행동, 입지의 반경을 확장해나가는 것이 중요하다고 생각합니다. 주류가 용인하는 하나의 다양성으로 비거니즘, 슬로라이프 운동 등을 수용하는 것이 아니라, 그런 라이프스타일을 통해 '다양성을 다양화'하여 인간 실천의 가능성을 확장해내야겠지요. 냉소, 조롱, 무시 등으로 처리할 일이 더 이상 아닌 것만은 분명합니다. 무엇보다 서로 위계적인 말하기가 아닌 대화가 가능한 사회적 장을 마련하는 것이 중요해 보입니다.

여성 동성사회와 불관용 · 스스로를 정의할 수 없는 여성 · '여적여'라는 오래된 언명 · 자궁가족 · 여왕벌 신드롬 · 셀프 브랜딩과 셀럽 문화 · "우리는 좀 분리해야 한다" · 현실 속을 이동하는 여성들 · 여성 멘토와 멘티 · 여성에게 인정받고 싶은 욕망 · 가부장 없는 미지의 세계 · 교환의 틀을 벗어난 여성 연대

4강 여성 연대를 위한 실천들

지난 세 번의 강의를 통해 노동, 시간 그리고 소비 중심의 삶을 살펴봤고, 라이프스타일 페미니즘의 지향점을 함께 고민해봤습니다. 마지막 강의에서는 '관계'에 관한 문제를 다룹니다. 이동하고 변화하고 싶은 열망과 그것을 실현해낼 방법에 대한 고민을 여성들 간 관계의 재배열이라는 주제로 이야기해볼 예정입니다. 다시 말해 일터와 삶터를 어떻게 여성들 간의 감정적인 연대와 협력이 가능한 공간으로 재구성할지에 대한 고민을 함께 나누려고 합니다.

　　오늘의 질문은 여기서 시작합니다. 여성에게 협력적 자아란 어떤 의미인가? 이 질문에서부터 여성들이 구체적인 마음과 몸의 협력 기술을 발휘하여 다른 세계로 이동해갈 수 있다는 감각을 어떻게 공유할 것인가 하는 질문

으로 나아가보겠습니다. 요즘 모든 사람들이 인간관계가 힘
들다고, 관계를 맺고 유지하는 것이 쉽지 않다고 하죠. 얼굴
을 마주하고 말을 거는 것조차 거절당할까 봐 두렵다고 말
합니다. 나와 내 밖의 거대한 존재들이라는 이분법으로 상
상되는 세계에서 모든 사람이 쉽게 고립감을 느낍니다. 문제
는 소비 중심 사회에서 관계 맺기는 소비 능력과 떼어놓고
생각하기 어렵다는 점입니다. 돈이 있어야 동료나 친구를
만날 수 있기에 경제적 빈곤은 관계의 빈곤을 낳습니다. 돈
이 없으면 특정 취향을 즐기는 데 요구되는 소비의 자격을
획득할 수 없기 때문입니다.

　　삶터에서의 친구 관계도 쉽지 않습니다. 다들
불안하다고 호소하니, 서로에게 관대하고 너그러워지기 힘
들지요. 게다가 단 한 시간이라도 뭔가 생산성 있는 일을 하
지 않으면 곧 뒤로 밀리고, 정체되는 듯한 불안에 시달리다
보니 점점 자아 몰입적 인간이 되어갑니다. 이것이 개인의
문제가 아니라 이 시대의 생존형 자아와 불안정성의 문제라
는 점 그리고 이 불안을 부추기는 자본 중심의 미래주의에
대해서는 앞서 이야기했습니다. 거기에 더해볼 주제는 역사

문화적으로 구성되어온 젠더 각본 때문에 발생하는 불안과 관계 맺기의 어려움에 관한 이야기입니다.

아주 오래됐지만 아직 절대적 신념인 듯 인용되는 '여적여(여성의 적은 여성이다.)' 패러다임이 있습니다. 성평등의 의미는 잘 모르는 남성들도 여성의 적은 여성이라는 말은 자주 합니다. 이 말은 페미니스트들에겐 '잡음'이나 '분란'이지만, 여전히 세상에 만연해 있는 관념이죠. 그렇듯 여성과 친하고 싶으나 그 여성이 잠재적인 적이 될 수 있다는 불안은 이성애 각본만큼이나 강력합니다.

우리는 평생 내 옆에 있는 여성들을 '곁눈질'로 너무 많이 봅니다. 엄마도 보고, 딸 옷차림도 살피고, TV나 SNS로 여자 연예인도 보고, 동네 여자들을 보고, 길에서 스치는 여자들의 머리 모양이나 친구들의 화법도 살펴보지요. 그녀들은 내 삶과 어떤 관계가 있을까요? 때로는 정말 무관한 존재처럼 보이죠. 당장은 옆에 있다 해도, 가족 관계라고 해도, 현재 동료나 친구라고 해도 이 여성과 내가 미래를 함께 할 수 있을지, 우리는 같은 장소에 있지만 같은 생각을 하고 있을지, 이런 고민들을 자주 하게 됩니다. 이런 현실에서 이동해서 곁눈질이 아니라 '곁불'로 서로의 마음을 따뜻하게 하는 행위, 최소한 서로에게 의미 있는 존재임을 알려주는 행위, 서로를 위안하고 공감해주는 행위는 어떻게 가능할까요? 여성들 간의 관계를 재배열하는 데 '방해'가 되는 익숙한 생각과 행동에 대해 먼저 떠올려보겠습니다.

여성 동성사회와 불관용

여성들이 모이면 활력이 넘쳐 보이죠. "너 이거 어디서 샀냐?" "우리 남편 진짜 이상해." 온갖 이야기를 다 하면서요. 그러나 같은 여성들이 함께 일을 해야 할 때에는 모종의 긴장감이 생기기도 합니다. 한편으로는 활력, 한편으로는 긴장. 여성들이 모일 때 이런 활력과 긴장이 왜 일어날까요? 그 묘한 감정의 연속성을 우리가 어떻게 이해해야 할까요?

남성 동성사회가 존재하는 만큼이나 여성 동성사회(female homosocial society)도 존재합니다. 많은 분들이 여학교를 다녔고, 상당수 여성들은 여전히 '여초' 조직에서 일을 합니다. 적어도 이런 일터에서는 가부장적 시선이나 위계가 작동하지 않는다고 여기게 됩니다만, 여성 동성사회에서도 질서에 순응하지 않는 '이탈자' 여성을 제자리에 데려다놓는 보복의 정치가 일어납니다. 예를 들어 간호사, 비서, 사회적 기업 상근자 등 여성이 다수인 직종에서 일하는 여성들의 이야기를 들어보면, '마치 무서운 사감이 있는 기숙사에 사는 느낌'이라고 토로합니다. '여자답지 못하다.'거나 '이 직종에 어울리지 않는 옷을 입고 표정을 짓는다.'는 등 옷차림, 눈매나 표정, 화장법, 손짓, 먹는 것, 모든 것에 일일이 간섭을 하고, 끊임없이 가부장적 사회가 규정해둔 자리로 돌려놓는 집단적 통제를 경험하게 되지요. 직장생활의 팁, 훈련, 프로페셔널리즘이라는 이름으로 전수되는 여초 조직의 생존 매뉴얼은 신입 여성을 초장부터 주눅 들게 합니다. 여성들이 가장 많이 모여 있는 아이돌 팬덤에서도 덕질의 암묵적 룰을 조금이라도 어기거나, 스타에 대한 이질적인 의견을 내놓기라도 하면, 쉽게 퇴출되거나 추방당하기도 합니다. 관리자나 운영자의 권한이 아주 크고요. 이렇듯 많은 여성 집단이 공통적 의견과 단일한 감정을 가져야 된다고 부르짖습니다.

앞서 남성 동성사회의 위계와 사나이 게임을 비판했습니다. 남성들의 위계는 '나도 그 자리, 위계의 윗자리에 갈 수 있다.'라는 생각에서 용인되고 수용됩니다. 여성 동성사회, 또는 공적 영역에 나와 있는 여성들은 남성 중심 조직처럼 철저한 위계로 운영되어야 한다는 '모방 심리'에 영향을 받는 동시에, 여성은 모두 같고 같아야만 한다는 '동질화'를 주장합니다. 매우 복잡한 정서 구조이지요. 여성의 자리나 지위가 남성과의 관계를 통해 결정되거나 변화될 수 있다는 생각이 지배적인 사회일수록, 여성들 간의 차이나 위계는 별로 중요한 것이 아니게 됩니다. 결국 여성이 어떤 남성에게 선택되는지에 따라 지위가 결정된다고 믿게 되면 여성과의 관계보다는 남성과의 관계에만 열중하겠지요.

남성이 다수이건 소수이건 남성 중심성이 강한 사회는 남성의 관점과 시선으로 서로를 보는 여성들을 만들어냅니다. 여성들이 전수하는 내용들도 이런 사회에서 수용되는 여성상과 여성성을 강조하는 것이고요. 여성 동성사회는 한두 명의 여성 지도자에 대한 완전 복종을 강조하고, 다양한 여성들 간의 역할이나 지위에 대한 근본적인 존중이나 차이에 대한 인정은 쉽게 무화되는 구조로 운영되기 쉽습니다. 남성들은 지위 사다리를 하나씩 올라가 권력을 쟁취하는 훈련을 받지만, 여성들은 너무 멀리 있는 최고의 자리와 그 나머지 자리의 여성들이라는 구도를 받아들이게 되기 때문입니다.

때로는 여성들이 '연대'라는 이름으로 동질성을 강조하기도 합니다. 최근 일부 페미니즘 운동에서 목격되는 '생물학적 여성'에 대한 강조는 결국 여성의 몸이 남성의 욕망, 폭력, 지배력이 관철되는 장이기 때문에, 여성의 몸을 가진 존재들이 정치적 주체가 될 수 있다는 믿음으로 여성 연대를 구성하자는 호소입니다. 여성들의 삶이 점점 안전하지 않아지고, 예측하기 어려워지면서 우리는 가장 원초적인 형태의 동질성의 신화에 기대고자 합니다. 그러니 다양한 대안을 모색하고 토론하는 것은 운동의 선명성을 방해하는 말장난이나 잘난 척이라 간주되지요. 여성이 경험하는 구조적 차별에 함께 연대하여 싸우는 것과 그 싸움은 오직 여자만 가능하다는 신념 사이에는 '간극'이 존재합니다. 성평등의 가치가 여성만이 주장하는 것이 아니라 '보편적으로 추구해야 할 중요한 가치'라는 것을 인지하는 비여성이나 비국민도 존재한다는 점, 불평등은 섹스라는 성차에 의해서만 구성되는 것이 아니라 계급이나 인종 등 다른 사회적 범주와의 결합으로 증폭된다는 점을 목격하기 때문입니다. 내 삶에 다른 선택지가 존재하지 않는다는 두려움과 불안에 빠지게 되면, 매우 명확해 보이는 조급한 결론에 매달리게 됩니다. 그만큼 여성들의 사회적 열망에 비해 한국 사회가 형편없고 거칠다는 의미이기도 합니다. 저 또한 때로는 동질성의 신화에 열광하고, 때로는 그 거친 언명이 놓치고 있는 다양한 현실 문제에 참여하면서 페미니즘 운동을 합니다. 페미니스트 되기의 과정은 늘 새로운 질문과 도전에 맞닥뜨리는 것이니까요.

　　이제는 여성들 간의 연대와 협력이 왜 어려웠는지 그리고 여전히 왜 어려운지를 구체적으로 살펴보려 합니다. 어떻게 다른 방식의 관계를 만들고, 기존의 관계를 재구성할지에 관한 실마리를 찾아보는 과정이기도 하겠습니다.

스스로를 정의할 수 없는 여성

자기 정의(self definition)의 부재에 관해 생각해 보겠습니다. 여성들은 개인적으로나 집단적으로나 '나'라는 주어를 써서 말하거나 요구하거나 주장하는 일을 해본 적이 여전히 많지 않습니다. 자기 정의의 부재는 역사적으로 페미니스트들이 끊임없이 고민해온 아주 근본적인 질문입니다. 왜 여성은 항상 2등 시민이고, 타자화되고 대상화되는 존재인가? 여성은 왜 자기 스스로가 주체로서 설명력을 가질 수 없는가?

이 문제를 논한 대표적인 사람이 버지니아 울프 (Virginia Woolf)입니다. 버지니아 울프가 1928년에 옥스퍼드 대학 도서관에 가보니 여자에 관한 책이 너무 많았다고 합니다. 남성 저자들이 여성에 대한 역사적이고 이론적인 고찰을 무수히 해왔다는 거죠. 그런데 남성에 대해 쓰인 책은 하나도 없다는 걸 발견합니다. 버지니아 울프는 『자기만의 방』에서 이렇게 말합니다. "여성은 수백 년 동안 내내 남자의 형상을 실물보다 두 배로 확대해 비춰주는 마법 같은 달콤한 능력을 발휘하는 거울 같은 역할을 해왔다. 여성이 진실을 말하기 시작할 때면 거울 속 남성의 형상은 줄어든다."[47] 남성은 환영을 통해 자기 불안을 해소합니다. 스스로의 참모습에 직면하면 왜 자신이 우월한 성이어야 하는지를 설명할 길이 없기 때문이지요. 따라서 그들은 자신의 모든 역량을 자신과 다르다고 믿는 여성을 정의하고 해부하고 실험하고 훈계하는 데 사용합니다. 즉 스스로를 정의할 수 없는 남성은 여성을 정의 내림으로써 자신에 대한 판타지를 덧씌우는 것입니다. 이때 남성과 여성의 차이가 극대화되고 위계화되어 돌이킬 수 없는 차이로 벌어집니다. 바로 남성이 보고 싶은 대로 정의된 것이 여성이고, 이런 정의를 내릴 수 있는 것이 권력이며, 결국 우리가 받아들인 젠더 각본은 권력이 집행된 효과인 것이지요.

여성은 왜 자기 스스로를 정의하지 못하는가는 오랫동안 문제도 관심사도 아니었습니다. 여성은 남성이 그 자신을 어떻게 설명하려 하느냐에 따라 속성이 바뀌는 존재

47— 버지니아 울프, 이소연 옮김. 「자기만의 방」(펭귄클래식코리아, 2015), 44쪽.

이기 때문입니다. 남성은 어떤 의미에서도 자기가 우월한 성이라는 걸 설명할 길이 없습니다. 그래서 항상 여성을 대상으로 보고 여성과의 차이를 우월함과 열등함으로 극대화하면서 여성이 아닌 것, 여성과 다른 것, 여성보다 우월한 모든 것을 남성성 혹은 남성이라는 개념으로 정의해놓았습니다. 이때 여성은 남성들이 그런 판타지를 유지할 수 있도록 거울처럼 남성을 비춰주는 역할을 해왔습니다. 거울은 누군가를 비추기만 할 뿐 스스로가 무엇인지를 설명해낼 수는 없는 사물이죠. 시몬 드 보부아르(Simone de Beauvoir)도 같은 맥락에서 여성의 타자화를 이야기합니다. 남성의 환영에 의해 형상화된 열등한 여성의 이미지를 여성들이 자신의 본질이나 성역할로 믿게 되어온 역사적 상황들, 그것이 바로 여성 종속이자 억압의 과정이었다고 말입니다.[48]

　　우리는 가부장적 사회가 남성의 지배 욕구에 의해 정의된 여성들을 '제자리에 두기' 위해 어떻게 응징했는지 목격하고 경험하며 성장해왔죠. 다시 말해 여성들은

48— 시몬 드 보부아르, 이희영 옮김, 『제2의 성』(동서문화사, 2017).

어떤 여성이 남성들에게 선택되고 수혜를 받는지, 아니면 쫓겨나거나, 마녀 사냥을 당하거나, 처벌당하고 응징되는지를 지켜본 목격자이자 경험 당사자입니다. 그러면서 쌓여온 두려움의 문화는 여성의 몸에 훈육과 공포로 각인됩니다. 이렇게 내면화된 자아가 '이상적인 여성성'으로 의미화되는 시간이 길어질수록 여성들은 자발적인 패배주의 정서를 받아들이고, 심지어 이에 반발하는 다른 여성들을 남성이 하듯이 모욕 주고, 비난하고, 적대시합니다.

　　　　이런 두려움의 문화는 이성적인 게 아닙니다. 합리적인 설명 체계나 실제 사건이 있는 것이 아니라, 어떤 여성들에 대한 무시, 비판, 혐오, 동정, 수치심 등 부정적인 감정의 표출을 일상적으로 보고 들으면서 '내가 이 여성을 어떻게 판단해야 하는가?'를 생각하게 되는 겁니다. "그 여자 있잖아, 사생활이 아주 문란하다는데?"라는 말을 계속 듣는다면, 그 여자에 대해 사회가, 남자가, 또는 다른 여자들이 어떤 감정을 가지는지를 간파하게 됩니다. 그리고 그에 따라 그 여자를 판단하거나, 나아가 나는 그 여자와 다르다는 것을 강조하기 위해 함께 그 여자를 비난하지요. 여성 간의 관계는 다른 여성들에 대한 부정적인 감정을 같이 공유하고, 나는 그런 여성이 아니라고 확인하는 방식으로 형성된, 일종의 부정적 연대인 경우가 많습니다. 그래야만 자신은 응징받지 않을 거라는 안심을 할 수 있기 때문이죠.

성장하면서 부모나 선생이나 친구에게서, 혹은 대중매체로부터 여성에 대한 부정적인 감정의 표출을 훨씬 더 많이 들어왔을 거예요. 그 여자는 사소한 일에 삐지고 지나치게 이기적이다, 그 여자를 남자들이 왜 좋아하는지 이해가 안 간다 등등. 심지어 자기 여자 친구를 다른 사람에게 "그 년"이라 칭하는 남자 친구나 동료의 말도 못 들은 척 넘기는 여성들이 여전히 많습니다. 여성들은 여성에 대한 이런 부정적 감정을 공유하면서 관계를 맺는 방식에 익숙해 있다는 뜻입니다.

우리는 실존하는 여성 개개인의 존귀함보다는 '대문자 여성'이라는 기호에 속박되어 있습니다. 여성은 어때해야 한다거나, 남성과의 관계에서 여성은 어떤 존재라거나 하는 동질성의 규범에 속박된 채 자신이 어떻게 행동하고 말해야 하는지를 배웁니다. 이러한 남성의 상징적 대상으로서의 여성에 포섭되지 못하는 다양한 여성 개인은 아프고, 소리 지르고, 화를 내고, 때로는 사회와 격리된 삶을 살고, 침묵하면서 신경증적인 상황에 놓이지요. 이런 여성을 현대 사회에서는 '페미니스트'라 부르기도 하고, 시대에 역행한, 불운한 여성이라고 명명하기도 합니다. 가부장적 사회에서 여성들은 실재하는 여성들 간의 차이를 이해하고 공감하는 데 필요한 시간과 자원을 갖지 못합니다. 따라서 여성들 간의 차이에 대한 불인정 혹은 '다 알고 있다.'라는 전제가 매우 강력한 힘을 발휘하죠. 특정 여성의 탁월함, 아량, 관대함, 돌봄에 대해 칭찬하기보다는 "여자들은 다 똑같아. 그게 그거야."라고 말하기가 더 쉬운 것입니다. 이처럼 가부장적인 사회에서는 대문자 여성이라는 하나의 상징적 기호 속에 여성들 간의 차이를 쑤셔 넣으려는 강력한 동질화의 욕망이 작동하고 있습니다.

'여적여'라는 오래된 언명

오래된 언명이 있습니다. '여성의 적은 여성이다.' 너무나 고질적인, 거의 돌에 새겨진 것처럼 강력한 효과를 지닌 말입니다. 일터에서 갈등이 벌어지면, 역시 옛말 틀리지 않다며 이 언명을 강화하는 방식으로 사례를 붙이죠. 실제로는 그렇게 표현될 필요가 없는, 다양하고 이질적인 여러 사건들을 이 언명 안으로 수렴시킵니다.

그러나 여성들 간의 관계는 역사적 산물입니다. 본질적이지 않다는 뜻이지요. '여성의 적은 여성'이라는 말이야말로 앞서 이야기한 남성 중심적 사회, 즉 여성을 하나의 동질한 기호로 정의하고 다양성을 억압하는 사회에서 나온 것입니다. 여성들 간의 풍요로운 관계를 저해해온 '여적여' 패러다임을 가족, 일터, 신자유주의 체제하의 문화 산업 등의 차원으로 나누어 논의해보겠습니다.

자궁가족

'여적여'의 가장 고전적인 사례는 한국 가족제

도하 시어머니와 며느리의 고부 갈등입니다. 이를 이해할 수 있게 해주는 핵심 개념은 '자궁가족(uterine family)'입니다. 자궁가족은 기본적으로 부계제 중심의 가부장제 사회에서 나타나는 현상입니다. 가부장제란 세 개의 시스템이 결합되어 있을 때 가장 강력한 권력을 발휘하는 사회 구성 질서예요. 첫째, 부계제입니다. 가족의 대를 아버지와 아들, 즉 남성의 혈통으로 잇는 시스템입니다. 둘째, 부명제(patrinominal)입니다. 부명제란 아버지의 이름으로부터 자신의 사회적 정체성을 인지받는 시스템을 말합니다. 셋째, 부거제(patrilocal)는 아들이 결혼을 한 이후에도 아버지의 집 근처에 주거를 마련하거나 아버지와 함께 사는 것을 말합니다. '시집 간다'라는 표현, '며느리를 들인다'라는 표현 모두 여기에 해당하죠. 요즘은 결혼해도 시댁에 들어가서 사는 경우가 많지는 않지만, 그렇더라도 시댁과 끊임없이 연락하고 접속해야 하는 도덕적 규범이 존재합니다. 정리하자면, 한국 사회는 이러한 세 가지 시스템이 법적으로, 문화적으로 전부 결합되어 있는 가장 강력한 가부장제 사회입니다. 이런 식으로 아버지와 남성에게 모든 대표성과 소유 권력을 부여하는 가족제도를 지닌 나라는 상당히 드뭅니다.

자궁가족은 인류학자 마저리 울프(Margery Wolf)
가 처음 사용한 개념입니다.[49] 자궁가족이란 말 그대로 한
여성과 그녀의 자궁에서 태어난 아이들로 구성되는 가족입
니다. 여성은 결혼할 때 이방인의 신분으로 남편 가족에 들
어갑니다. 이방인의 위치이기 때문에 권력이 없는 상태에
놓이지요. 이 여성이 부계제 안에서 지위를 인정받을 수 있
는 유일한 방법은 부계제 가족의 연속성을 유지해주는 재
생산 담당자, 즉 아이, 특히 남아를 낳는 역할을 해내는 것
입니다. 그렇기에 아이를 낳기 전까지는 여자를 인정하지
않습니다.

여성들은 시간이 지나면서 이런 시스템이 굉
장히 불합리하고 불공평하다는 생각을 갖게 됩니다. 왜 내
가 낳은 아이인데 부계 혈족에만 소속되고, 내 가계나 이름
을 물려주지 못할까? 나는 왜 남편과 그의 가족 앞에서 늘

---

[49] — 마저리 울프, 권숙인, 김현미 옮김, 미셸 짐발리스트 로잘도,
루이스 램피어 엮음, 「중국 여성: 새로운 환경 속의 오래된 전략」,
『여성·문화·사회』(한길사, 2008).

전전긍긍하고 정서적 불안정에 시달릴까? 그에 맞서 여성들이 비공식적으로 만들어내는 문화가 바로 자궁가족입니다. 공식적인 부계제에서는 멤버십을 갖지 못하는 대신에, 내 배로 낳은 아이들과 심리적으로 결탁된 작은 집단을 형성하는 거죠. 자궁가족이란 부계제 가족에서 여성은 누리지 못하는 지위와 영향력을, 부계제를 계승하는 자기 배로 낳은 아들을 통해 획득해나가는 방식입니다. 여성은, 공식적인 권력은 가졌지만 아이들과의 '거리 두기'를 통해 체면과 지위를 유지하는 아버지와는 반대되는 전략을 취합니다. 아이, 특히 앞으로 가부장이 될 아들을 심리적, 정서적으로 완벽히 엄마에게 의존하도록 양육하고 사회화하는 것입니다. 그런 강한 정서적 유대 및 심리적 의존을 형성하는 양육 방식을 취하는 게 자궁가족적인 전통입니다.

여성은 두 가지 방식으로 아들을 감정-사회화합니다. 하나는 아들의 모든 요구를 받아주기 위해 헌신하고 희생하는 모성을 실행하는 것입니다. "물 먹고 싶어? 밥 먹어야지. 엄마가 해줄까?" 아이들, 특히 아들을 어머니의 식생활 공급, 지침이나 돌봄 방식에 완전히 의지해 살게 함으로써 아들을 통하여 실질적 영향력을 획득해가는 과정이죠. 두 번째는 어머니가 제대로 대우받지 못한 것에 대한 부당한 감정을 확인시켜주는 것입니다. 남편과 그의 가족에게 얼마나 설움을 당했는지, "엄마가 얼마나 어렵게 살았는지 알지? 너 하나 믿고 살았어."라고 설파하며 자신의 한탄과 원통함을 전달합니다. 어머니의 감정 상태를 매우 부담스러운 방식으로 전수받은 아들이나 딸 모두 건강한 자아를 갖기는 힘들지요.

　　자궁가족의 문제점은 이런 양육 방식의 결과로 '응석받이 아들'을 만들어낸다는 점입니다. 제 손으로는 아무것도 하지 못하고, 독립적 자아를 구성하지도 못하고, 모든 여성은 자기를 돌보는 존재라고 기대하는 그런 남성 말입니다. 어머니와 제대로 분리되지 않은 채 성인이 된 남성이 다른 여성과 가족을 구성할 때, 어떤 상황이 전개될지 우리는 너무 잘 알고 있습니다. 어머니는 오랜 기간 참고 살아온 보상으로 획득한 아들에 대한 영향력을 결코 포기하지 않겠지요. 이 사적 권력을 놓칠 수 없는 시어머니는 며느리를 통해서, 며느리와 경쟁하며 아들에 대한 영향력을 행사합니다. 아들은 어머니와의 과몰입 상태에서 벗어나지 못해 자기 부인을 훈육하는 데 동참합니다. 대부분의 남성은 자신이 사랑하고 선택한 여성 그리고 이미 형성돼 있는 의존적 생활 태도와 끈끈한 감정의 기원자인 어머니 사이에서 갈팡질팡하며 관계의 방관자 노릇을 하는 것에 익숙합니다. 가부장적 가족제도에서는 딸도 아들이나 아버지를 경유하여 어떻게 그 영향력을 획득하느냐를 어머니를 관찰하면서 보고 익히게 됩니다.

자궁가족은 현대 핵가족 사회에서도 지속됩니다. 한국의 현대 가족법이 여전히 부계제, 부명제, 부거제를 떠받들고 있기 때문이지요. 여성은 아이들의 교육에 헌신하고 어머니의 '정보력' 덕분에 좋은 대학에 진학했다는 말을 훈장처럼 생각합니다. 여전히 자기 손으로는 자기 밥도 못 차리는 아이들을 길러낸 것에 대해 "내 아이들 손에 물 한 번 안 묻히고 키웠다."라고 말하며 일종의 자부심을 느끼기도 합니다. 여성이 어떻게 자식에게 영향력을 행사하느냐의 문제는 사회의 성평등을 구성해가는 데 핵심적인 사안입니다. 남성을 감정–사회화하면서 독립적인 인격체로 성장시키는 문제와, 여성의 적은 여성이라고 하는 오랜 언명을 변화시키는 문제의 해결 주체는 바로 여성일 수 있습니다.

물론 문제의 원인은 여성이 아니지요. 그 원인은 모든 공식적인 권력을 남성이 독점하게 함으로써 여성으로 하여금 아들이나 남편 등 남성을 경유해서 쟁취하는 비공식적인 영향력 행사에 집중하게 만드는 가족제도입니다. 이런 가부장적 가족제도는 이 제도에 참여하는 남성, 여성, 아이들 모두를 심리적으로 왜곡된 존재로 만듭니다. 최근에는 아들을 키우고 함께 사는 것에 너무 큰 부담을 느끼는 여성들이 어떻게 하면 아들을 빨리 다른 여성에게 양도할까(결혼시킬까)로 노심초사하지만, 양도받고 싶지 않아하는 여성들이 점차 증가하고 있지요. 제대로 훈련이 안 된 남성과 파트너십을 이루며 살기는 정말 힘든 일이니 말입니다.

여왕벌 신드롬

'여성의 적은 여성이다.'라는 말을 가장 흔하게 듣는 곳이 일터이지요. 여성이 산업사회의 일터, 즉 공적 영역에 대규모로 진출하고 승진하기 시작하면서 생겨난 용어가 '여왕벌 신드롬(Queen Bee Syndrome)'[50]입니다. 일터에서 높은 지위에 오른 여성이 여성 동료나 하급자를 더 비판적으로 보거나 낮게 취급하는 경향을 말합니다. 여왕벌은 한 명이어야 하고, 다른 일벌들이 여왕벌의 지위를 넘보지 못하게 한다는 의미에서 여왕벌 현상이라 부릅니다. 더욱 부정적인 의미로 여왕벌은 일벌들을 죽이거나 잡아먹을 수 있는 강력한 독침을 품은 독보적인 존재죠. 즉 '여왕벌 신드롬'에서 여성들은 서로 돕고 협력하지 않는다고 간주됩니다. 여성은 공적 영역에서도 여성의 '본질'인 감정, 질투, 시샘, 보복심을 자제하지 못해서, 다른 여성의 성공과 성취를 가로막는 존재라고 보는 겁니다.

여왕벌 행동을 보이는 여성들은 종종 남성들과 어울리려고 노력합니다. 왜냐하면 여성과 '멀어지면' 더 전문적이고 더 조직의 중심에 들어간 것처럼 느껴지기 때문이죠. 이들은 남성 동료나 상관과 어울리며, 여성 동료의 전통

50— 여왕벌 신드롬이란 용어는 G. Staines, C. Tavris, & T. E. Jayaratne, "The 'queen bee' syndrome," *The Female Experience*(CRM Books, 1973)에서 처음 사용되었다.

적인 여자다움을, 때로는 자율적인 페미니즘적 지향을 문제 삼으며 결국 '여자는 안 된다.'라는 편견을 강화합니다. 또한 여왕벌 성향의 여성은 자신을 모든 여자 중에서 발탁된 '여자 1등' 혹은 남성과 어깨를 견줄 수 있는 유일한 여자로 바라봅니다.

여왕벌 현상은 공적 영역에서 여성들에게 허락된 '좋은' 자리가 협소하기 때문에 생겨납니다. 거의 모든 조직의 높은 지위는 남성에게 할당되고, 시간이 지날수록 여성들을 승진이나 보상 체계에서 떨어뜨립니다. 하지만 이 직장이 성차별 없이 능력주의 원칙을 고수한다는 알리바이를 만들기 위해 상징적인 명목상의 인물(token figure)로 극소수의 여성을 발탁합니다. 그러므로 남성들의 게임의 법칙을 익혀 위로 올라간 여성은 이 특권을 놓고 싶지 않고, 다른 여성과 나누고 싶지 않다는 정서를 갖게 됩니다. 여왕벌이 되고자 하는 여성은 독점적인 특권과 명성을 유지하기 위해 다른 여성들의 자리를 확장하려는 노력도 하지 않습니다. 외려 후배를 '밀어내는' 성향이 노골화돼요. 마찬가지로 일벌들 사이에서도 잠재적인 여왕벌이 되려는 일상적 경쟁과 긴장이 일어납니다. 나아가 일터에서의 나에 대한 인정은 다른 여성과의 경쟁에서 승리하는 데 달려 있다고 생각하게 됩니다. 평가 체제와 승진에서 성차별주의가 여전히 만연함에도 불구하고, 내가 인정받지 못하는 것은 내 여자 동료의 성격과 스타일 때문이라고, 그 동료가 내 성취를 빼앗기 때문이라고 생각합니다. 주변의 게으른 남자 상사와 무능한 남자 동료는 암전되고, 무대에서는 나와 여자 동료의 갈등과 경쟁만 재연되는 것이죠.

자궁가족에서의 고부 갈등이나 공적 영역에서의 여왕벌 현상은 결국 여성의 지위나 가치는 남성 또는 남성과의 관계를 경유해서만 실현할 수 있다는 오랜 여성혐오를 반영하고 있습니다.

셀프 브랜딩과 셀럽 문화

마지막으로는 최근 들어 신자유주의 디지털 문화 산업에서 부상한 셀프 브랜딩과 셀럽 문화라는 개념과 관계된 여적여 패러다임을 보겠습니다. 셀프 브랜딩이나 셀럽 문화 자체가 여성들 간의 관계를 방해하는 것은 아닙니다. 하지만 다수의 여성을 낙후한 상태로 여기게 한다는 점에서 여성들 간의 자율적이고 능동적인 관계의 진전을 가로막을 수 있습니다.

　　　　셀프 브랜딩이란 마치 기업이 상품을 마케팅하듯이 자신을 선전하고 홍보하는 행위를 말합니다. 기업에서 상품을 마케팅할 때는 이 상품으로 불안을 해소할 수 있다는 헛된 욕망을 부추기는 과장된 언어를 사용하죠. 만약 자기 자신이 이 같은 상품이 된다면, 자신의 실제 모습을 그대로 담백하게 보여주지는 않겠지요? 인스타그램 등 이미지 기반의 SNS에서는 당연히 현실을 포장하게 됩니다. 어떤 요소로 셀프 브랜딩을 하느냐는 다양합니다. 어떤 사람은 '이혼 이후' 계급 하락의 슬픈 개인사를 드러내는 '물적' 이미지를, 또 어떤 사람은 '지금 먹고 있는 디저트', '내가 방문한 스파', '유럽의 골목에서 한 컷' 같은 화려한 라이프스타일을, 또는 오타쿠적 취향을, 아니면 정치적 현장에 늘 존재한다는 증명사진을 전시합니다. 이처럼 특정한 한두 가지 상징과 기호로 스스로를 브랜드화합니다. 모든 인간이 겪는 총체적이면서 비일관적인 일상이나 경험보다는 특정 이미지만 부상시키는 거예요. 인스타 라이브나 유튜브 방송으로 배우처럼 시각을 장악하거나, 모든 잡다한 팩트와 때로는 가짜 뉴스를 동원해 1인 방송국의 언론인이 되기도 합니다. 내가 누군가에게 영향력을 주고 있고, 내 추종자가 존재한다는 믿음은 모두가 셀럽이 될 수 있다는 환상을 줍니다.

전통적 유명인이 아닌 새롭게 부상하는 시민−셀럽들은 전문가, 정치가, 연예인 등에게 독점되었던 영향력을 해체하여 급진적인 평등주의를 내보인다는 점에서는 '혁명적'입니다. 하지만 셀럽 문화를 주도하는 사람들의 신념은, '나를 통해서 사람들이 세상을 알아간다.'는 것입니다. 다른 사람들이 나를 통해서 정보나 비밀도 알고, 세상 돌아가는 것도 보고, 감성이나 취향도 배우고, 정치적 선택지도 깨달으며, 내가 사람들을 동시대의 현대인이 되게 해준다고 믿습니다.

이처럼 SNS로 연결된 세계 안에서 모든 사람은 마이크로 셀럽(micro celeb)이 되거나 될 수 있습니다.[51] 실명으로 활동하는 사람들도 있지만, 트위터 등 SNS상의 아이디로 존재하는 유명인들이 있지요. 디지털 생태계에서는 단기간에 명성을 얻는 만큼 금세 인기가 시들해져 사라지는 경우가 많고, 그만큼 '교체'의 권력은 팔로워, 구독자, 팬이 쥐고 있습니다. 마이크로 셀럽의 고달픔이 있습니다. 가령 유명 인사가 되면서 모든 사람을 자기 팬으로 보기도 해요. 친구이건, 익명의 사람이건, 동네 사람이건, 장사하러 온 사람이건, 길 가는 사람이건 나를 아는 사람이거나 나의 팬이라고 인지합니다. 누가 무슨 말을 하고 어떤 반응을 하는지에 모든 주의를 기울이죠. 실제로 인기를 유지하려면 끊임없이 이런 수발신 장치를 켜둔 채, 지켜보면서 재빠르게 상호작용해야 합니다.

우리 주변에 마이크로 셀럽의 수는 많지 않지만 마이크로 셀러브리티의 의식 세계를 지닌 사람들은 많아요. 이 사람들의 특징은 '항상 대기 중'입니다. 새벽 2시에도, 낮 1시에도 언제나 온(on)되어 있는 사람들입니다. 자기가 유일한 중심이라는 생각을 가지면서 다른 사람들이 아

51— Vimviriya Limkangvanmongkol, etc., "Selfie Me, I Am (Micro) Celeb!: Understanding the Role of Micro-Celebrity Practice in Selfie Culture," *Advances in Consumer Research*(Vol. 43, 2015).

무엇도 안 한다고, 세상을 모른다고, 아무 의견도 없다고, 못생겼다고, 게을러서 자기 관리를 못 한다고, 이런 데 가보지도 못했다고, 이런 화장품 한 번도 안 써봤다고 가정하게 됩니다. 셀럽 문화가 부추기는 '전시성 자아'는 누가 잘 보여주는가에 따라 지위가 구성되는 문화에 속합니다. 그 문화에 성공적으로 속하려면 나의 몸, 취향, 일상, 모든 것을 '전시'하고, 그것이 곧 나의 매력이며 인격이라 믿게끔 해야 합니다. 그런데 이런 과시와 전시는 매우 짧은 시간 내에서만 성공합니다. 어느 날 셀럽의 이미지와 실제 간의 괴리가 드러나거나 발각되면 바로 팔로워와 구독자로부터 응징을 당하지요. 셀럽도 소비 대상일 뿐이라서 쉽게 열광을 받고 또 너무 쉽게 폐기 처분됩니다. 따라서 전시성 자아는 늘 불안과 몰락을 동반할 수밖에 없습니다.

또한 셀프 브랜딩이나 셀럽 문화는 우리 주변의 많은 '괜찮은 사람들'을 도태시키는 문화일 수 있습니다. 강도 센 말, 훌륭한 몸, 인기와 지명도 중심으로 위계화하는 문화이기 때문입니다. 셀럽 문화가 만연할수록, 셀럽이 되고 싶은 사람과 보통의 사람 모두 점점 자신을 실제보다 비루하다고 느끼게 됩니다. 이런 '미니멀 자아'는 세상과 주변에 대한 감정적 무심함 혹은 분노, 자기방어를 위한 공격성을 낳기도 합니다. 또는 자신이 피해자이며 힘없는 존재라는 느낌으로 자아를 구성하면서 복잡한 냉소와 분노, 피해정서를 증강하기도 하죠.

최근의 페미니즘 운동은 여성들이 누군가의 이미지나 말에 시간을 쓰고, 동의를 표현하고, 그것을 지지하고 좋아하면서 셀럽을 낳았습니다. 이제 우리도 저기 먼 곳의 백인 여성의 말을 경전처럼 인용할 필요가 없어졌습니다. 저는 아무리 뭐라 해도 우리가 다른 여성들의 관점과 시각을 동시적으로 접하고 서로에게 영향을 주게 된 것이 바로 SNS의 디지털 테크놀로지 덕분이라고 생각합니다. 여성들은 다른 사람들에게 영향력을 발휘할 기회가 많지 않기 때문에 이 디지털 네트워크에서 부여받은 새로운 권리, 새로운 형태의 문화에 굉장히 열정적으로 참여할 수밖에 없지요. 디지털 네트워크는 특정 대학의 온라인 커뮤니티부터 트위터나 페이스북까지 우리의 의식과 행동, 세계관에 영향을 미치고 있습니다. 그런데 '공론장'에 중구난방으로 등장하는 무수한 여성들의 경험과 맥락을 몇 개의 키워드와 지침으로 동결하려 하는 여성들이 등장하고 있습니다. 트위터 아이디로 익명화되었지만, 페미니스트로 자기 명명을 하며, 마이크로 셀러브리티 의식 세계를 가진 사람들은 본인이 모든 사건에 해석을 내려줘야 한다고 믿습니다. '결국 ○○ 달린 남자'라거나 '요즘 페미니즘의 흐름이 이러한데 그 방향은 위험하니 이런 방향으로 가야 한다.' 등 사건과 현상을 어떻게 보고 행동을 취할지 명령을 내리듯 언질을 주는 거죠. 좌표를 찍어준다고 하는데, 전 그런 말이 참 어색한 올드한 페미니스트입니다.

여성들 간의 어떤 위계도 거부하는 급진적 평등주의를 주장하지만, 이질적이고 다의적인 의견과 토론에 매우 경직된 태도를 보이는 디지털 영역의 페미니스트들도 존재합니다. 때로는 페미니즘이 복잡한 현실을 이해하고 권력과 불평등의 세세한 자장을 들춰내주는 인식론이라기보다 싸움에서 이기는 것이라는 단순한 행동주의나 지침으로 강령화됩니다. 셀럽들은 지금 여기 자신의 장에 들어와 있는 사람들이 자기 자신 혹은 자기 아이디에 대해 듣고 싶고 알고 싶어 한다고 믿죠. 자연스러운 소통 행위가 아니라, 내가 이들보다 우월한 입장에서 상호작용해야 한다는 의무감으로 항상 대기 중인 거예요. 디지털 시대의 페미니즘에서 이런 '족장'이나 '우두머리' 문화의 영향이 보이기도 합니다.

페미니즘도 현실 세계보다 디지털 세계에서 더 분열되어 있고, 더 치열하고, 전선도 더 단호하게 설정됩니다. 마치 여성의 적은 여성이라는 말처럼 페미니스트의 적은 페미니스트라는 말이 나올 정도로 긴장 수위가 높습니다. 페미니스트들이 획득한 영향력이나 발화 권력은 불평등을 타파하는 화력으로 작동하지만, 때로는 본인들의 선명한 정치성을 위협하는 다른 입장의 페미니스트를 공격하고 입막음하는 데 사용되기도 합니다. 적의 힘을 빼기 위해, 엉뚱한 반대 논리에 힘을 실어주는 '정치공학'도 난무해요. 박근혜 전 대통령 무조건 지지, 트랜스젠더 혐오, 예멘 난민 반대 등은 '여성'이라는 생물학적 기호로 모든 페미니스트를 동질화해서 권력 찬양과 소수자 혐오에 동조하는 상황으로 끌고 갔던 사례입니다. 이분화된 정치권처럼 진영 논리가 강화되고 있기도 합니다.

그렇다면 이런 갈등들로부터 우리는 어떻게 거리를 두고 다르게 바라볼 수 있을까요? 무엇으로부터 분리하고, 무엇에서부터 연대의 지점을 만들어가야 할까요? 또는 우리는 다른 여성을 '존귀한 존재'로 바라보기 위해 어떤 경로를 거쳐왔을까요? 다음으로는 그 과정을 말해보도록 하겠습니다.

"우리는 좀 분리해야 한다"

'여적여' 언설은 역사적으로 여성들의 삶을 관장해온 일부분의 진실이기도 합니다. 남성 중심적인 질서가 강할수록 모든 여성들은 남성의 이해관계에 의해 차등적으로 배열된 존재였기 때문이죠. 여성에게 자원, 지위, 존중이 주어지지 않은 탓에 다른 여성과의 의리를 중히 여기거나 다른 여성과 무언가를 공유하면서 미래를 기획한다는 생각을 할 수가 없었습니다. 미국의 페미니스트 매릴린 프라이 (Marilyn Frye)가 오래전에 이렇게 말했습니다. "우리는 좀 분리해야 한다."[52] 가부장적 제도로부터 인지적, 물리적, 심리적 분리를 해야 여성들이 '힘'을 얻게 된다는 것이지요. 이런 '분리'가 페미니스트로 진입하기 위한 첫 번째 정서입니다. 1980~1990년대 많이 유통되던 이야기입니다만, 과연 오늘날에도 시사점이 있지는 않을지 한번 살펴볼까요.

　　　매릴린 프라이가 페미니스트로의 진입 조건으로 말했던 '분리'의 첫 번째 조건은, 남성이 정의 내리고 지배하며, 남성의 권익 유지를 위해 운용되는 체제, 관계, 역할 그리고 활동과 분리하는 것입니다. 남성의 이해관계, 사나이들의 게임 안에 사냥감처럼 존재하지 말 것. 남성들의 이해관계와 권익을 보위하는 체제를 존속하는 데 역할을 하지 말 것. 달리 말하자면, 여성의 종속을 지속시키는 가부장제 사회로부터 분리하여, 다른 여성들에게 관심과 에너지를 쏟으라는 이야기입니다. 이를테면 결혼 관계나 성구매 현장에 여성을 묶어두는 시스템으로부터 분리하자는 것이죠.

　　　두 번째로 중요한 조건은, 여성의 대안적 공간

52— Marilyn Frye, *Politics of Reality: Essays in Feminist Theory*(Crossing Press, 1983), pp. 95~109.

과 공동체를 따로 만드는 것입니다. 여성들만의 공간, 쉼터, 의식화, 위기 해결 방식, 이벤트와 즐거움을 만들어가는 과제가 필요합니다.

세 번째는 자신이 가진 모든 것에 대한 남성의 접근을 통제하라는 겁니다. 접근 통제에 의한 분리란 남성에게 베풀던 성(性), 물품, 돌봄과 서비스를 거둬들이고, 이것이 가야 할 방향을 조정하거나 남성이 아닌, 여성을 포함한 다른 존재에게 재할당(redistribution)하는 것입니다. 매릴린 프라이는 레즈비어니즘도 성과 사랑, 돌봄을 다른 여성에게 재할당하는, 페미니스트 되기의 과정이며 결과로 봅니다. 저는 꼭 인간이 아니어도 된다고 봐요. 고양이나 강아지 같은 동물을 키우고 식물을 가꾸면서, 농사짓고 자연과 함께하면서 남성에게만 집중했던 에너지를 다른 방식으로 다른 존재에게 재할당해보는 거죠. 그러면서 자기 회복의 시간과 자원을 확보할 수 있습니다. 자기의 감정, 물질, 신체가 전부 남성들의 이해관계나 접근에 노출되어 있거나 그것을 허용한다면, 여성은 여전히 타자적인 존재로서 자기 회복의 여유를 갖거나 물질적 향유를 할 수 없습니다. 이런 점에서 의식

적 분리는 여성이 자존의 기반을 마련하는 데 중요한 출발
점이 됩니다.

그런데 생존에 대한 불안과 안전에 대한 열망
이 팽배한 현대 한국 사회에서 가부장제와의 분리는 또 다
른 불안을 낳습니다. 아버지의 돈에 오래 의존해온 비혼 여
성이 아무리 페미니스트라 해도 당장 그 익숙함에서 벗어
나기는 쉽지 않습니다. 집에서의 의존적 딸로서 모습과, 밖
에서의 페미니스트 여성으로서 말과 행동 간의 괴리 때문
에 신경증적 불안에 시달리는 여성들도 자주 보게 됩니다.
또 오랜 기간 이성애 섹스를 통해 쾌락, 감정적 돌봄과 교환
의 의미를 학습해온 여성이 연애를 쉽게 포기하긴 힘들겠지
요. 일터에서 만나는 '가학적인' 여성들 때문에 여성에 대한
전폭적 신뢰를 상실하고, 세상을 등지고 싶다는 생각을 하
는 여성들도 있습니다. 이런 상태라면 즐거움을 나눌 존재
로 여성을 상상하긴 어렵겠지요.

의식적인 분리 이후 여성이 보이기 시작하는 것
인지, 여성이 보이기 시작하면서 분리주의 의식이 생기는 것
인지는 알 수 없습니다만, 무엇보다 중요한 것은 이런 과정

을 함께 할 수 있는 '능동적 자율 공동체'의 존재입니다. 혼자서는 할 수 없으니까요. 하지만 우리의 실상은 삶터와 일터 모두 과도한 규칙과 감정 과잉, 대화 없음, 자잘한 소비주의에 점유돼 있어, 어떤 장기적 전망을 갖기 어려운 상태에 이르렀습니다. 경제적 삶의 불안정성도 높아지고, 여성의 몸에 대한 성적 집착과 착취가 심해지니 젠더 불안정성도 강화됩니다. 이러한 현실 속에서 트위터 같은 디지털 영역에서는 페미니스트 전사 정신이 발동하지만, 막상 실존적 차원에서 페미니스트로 자신을 드러내고 살아가는 것은 여전히 힘든 일입니다. 극심한 경쟁, 빈곤화, 여혐 정서와 더불어, 최근에는 페미니즘 내부의 정치적 노선에 따른 갈등과 비방도 증가하고 있지요. 이런 환경에 계속 노출되다 보면, 매일 망가지고 있다는 느낌은 들지만 어디로 어떻게 이동해야 할지 알 수 없는 상태에 빠지기도 합니다. 회복을 위한 시간, 공간, 좋은 사람들이 절실히 필요합니다. 즉 이것들을 함께 가꿔갈 능동적 자율 공동체가 필요하죠. 처음부터 뜻이 맞아 보이는 사람들과 분리주의 공동체를 만드는 게 아니라, 주변 여성들을 잘 관찰하고 탐색하여 낯선 이들과 실험해보는 것이 중요한 것 같습니다. 결국은 우리의 마음이 열려 있고 호기심이 있어야 이런 실천도 가능한 것이니까요.

함께 놀고, 노래하고, 먹고, 나누고, 대화할 수 있는 인간-비인간 종들의 모임으로서 자율적 공동체는 우리에게 힘을 주고 자존의 기반을 제공해줍니다. 이런 자율적 공동체는 장기적일 수도 있지만, 단기적으로라도 여성들의 인생에서 한 번은 꼭 경험해봐야 한다고 생각합니다. 내소속의 준거틀이 확 바뀌는 경험을 해본 여성은 가부장제 사회에서 어떤 위치에 있더라도 '여자라서 별수 없다.'라는, 운명적으로 낙후된 존재 같은 비열함은 보이지 않을 겁니다. 그는 여성의 힘과 창의력을 경험했기 때문에 여성을 '내 길을 막는 적'으로 사유하지는 않을 것이고요.

분리는 가부장제로부터 완벽히 벗어나는 것을 의미하기보다는 우리의 에너지와 정서를 재조정하여 남성 중심주의를 빗겨 가거나 앞서가는 것을 말합니다. 능동이나 자율이라는 말은 오랫동안 팬덤의 일원이나 넷페미로 스타 또는 미니 셀럽과의 과도한 동일시, 추종주의, 매뉴얼화된 명령이나 지침에 복속됐던 삶에서 벗어나 실재하는 여성들을 만나야 한다는 의미이기도 해요. 디지털 세계에서는 수많은 여성과 연결되어 있지만, 당장 어려울 때 오프라인에서 도움을 요청하고 기쁠 때 함께 나눌 페미니스트/여성이 존재하지 않는다면 연대가, 운동이 무슨 의미일까요? 마주보고 만나서 시간을 함께 보내고 의견을 교환하는 '살아 있는 여성 동지'를 얻기 위해 노력하는 것이 자율적 공동체를 만들어가는 길입니다. 작은 것이라도 함께 해보는 사람들 속에서 있어봐야 '기쁘게 저항하는' 기술들을 연마할 수 있습니다.

현실 속을 이동하는 여성들

여성들 간의 관계는 여성들의 사회적, 물적 조건이 바뀌면서 변화합니다. 제가 만난 일터의 여성들 이야기를 해보겠습니다. 요즘 여성들은 일터에서 다른 여성과 협력하는 것을 어려워한다고 해요. 그러면서도 다른 여성들이 자신을 어떻게 생각하는지를 매우 궁금해합니다. 거리 두기와 연결의 모순적인 욕망 속에서 곁눈질만 하고 있다는 뜻이지요.

여성 멘토와 멘티

일은 많지만 직장은 없는 여성들, 계약직이나 프리랜서 여성들, 프로젝트 기반의 노동을 하는 여성들, 정규직 여성들 모두 일터를 자주 바꿉니다. 여성들은 능력주의를 신봉하며, 자기 자신을 입증하는 방법으로 계속해서 성과를 내려다가 곧 번아웃 상태에 빠져 일을 그만두게 되는 경우가 많다는 것도 한 이유입니다. 한편 저 자신도 오래전에 했던 말인데, 요즘에도 여전히 멘토로 삼을 만한 여성이 없다는 말을 자주 합니다. 지속적으로 만나는 여성 선후배와 동료가 없을 뿐만 아니라 멘토가 없다고요. 물론 위로 올라갈수록 여성이 줄어드니 멘토라는 이미지에 부합하는 성공한 여성이 드물긴 드물겠죠.

한 30대 직장 여성에게 멘토는 어떤 사람을 의미하느냐고 물었더니 이렇게 말해요. "제 얘기 들어주고, 난제를 풀어줄 수 있고, 성장할 수 있도록 지혜를 주고, 저를 위해 네트워킹을 해주고, 저를 무조건 이해해주고……."(일동 웃음) 이런 여성은 세상에 존재하지 않죠. 엄마도 못 하는 역할을 왜 직장에서 찾을까요? 여성 멘토가 자기를 전인격적으로 수용해주고 성장시켜주는 존재는 아니잖아요? 어떤 시니어 혹은 동료 여성이 본인의 성질, 슬픔, 어려움, 사회성 결핍, 일머리 부재를 다 수용할 수 있겠어요. 멘토의 이미지가 너무 포괄적이고 이상적이라는 뜻입니다. 심지어 무조건적인 수용을 기대하니 낭만적이기까지 합니다. 남성 사수나 상관에게는 일과 관련된 가르침이나 노하우, 팁만 기대하는데 여성에게는 전문적 지식뿐 아니라 감정, 돌봄, 윤리, 자매애를 기대하니 주변에 멘토가 없을 수밖에 없습니다.

자주 직장을 옮기는 여성들은 심리적으로 불안합니다. 낯선 곳에서 자신에게 관심을 가져주는 누군가를 절실히 원합니다. 일터에서 무엇이 적절한 대응이고 일처리 방식인가를 알려주거나, 인사말을 건네면서 심리적 안정감을 주는 존재 말이지요. 또 다른 직장 여성 인터뷰에선 이런 얘길 들었습니다. 여성 상사들이 예를 들어 "너 오늘 예쁜데 치마가 너무 짧아.", "프레젠테이션 할 때 그런 거 입는 거 아냐."라는 식의 시시콜콜한 에티켓이나 외모에 대한 이야기를 곧잘 해서 그 앞에 가면 주눅이 든다고 해요. 후배 직장 여성들은 말합니다. 전반적인 자기 경험을 바탕으로 그 시기에는 어떤 난관과 어떤 문제가 생기더라 하는 이야기를 해주고, 상황과 맥락에 따라 어떻게 적절하게 행동할지를 알려주는 사람이 필요하지 의상, 화장법, 말투, 취향 같은 사소한 '주의 목록'을 나열하는 사람이 필요한 게 아니라고 말입니다.

여성들은 대화자가 아닌 방청객의 위치로 자신을 고정시키는 여성 혹은 남성 상사가 지겹다고 말합니다. 사람들의 주의와 관심을 끄는 것을 찬양하는 '관종' 지향성은 동시에 그에 대한 강한 거부감을 만들어냅니다. 일터에서 '관종성'을 독점하는 사람은 당연히 지위가 높은 상사입니다. 여성 상사가 사람 불러놓고 자기 '시집'의 잘난 사람들 얘기를 왜 그렇게 하는지, 유치하다고 느끼는 여성들이 많죠. 그러면서 끊임없이 정보를 나누는 사람과 TMI(too much information, 과도하게 많은 정보)에 대한 거부감이 강해집니다. 이는 지나친 조언이나 간섭에 대한 적극적 방어기제를 갖게 하고, 관종적 성향을 은밀히 경멸하게 합니다. 문제는 무엇이 조언과 격려인지, 무엇이 간섭과 통제인지를 쉽게 구별하기 어렵다는 것입니다. 제가 만난 40, 50대 직장 여성들은 20, 30대 직장 후배가 자신에게 보내는 거부의 메시지가 너무 강해서 당혹감을 느낀다고 합니다. 물론 고정적이고 동질적인 20, 30대의 특징이 있는 것이 아닙니다. 40, 50대는 30대가 이상하다고 하고, 30대는 20대가 자기와 다른 특징을 보인다고 하죠. '세대'로 구별되는 명확한 차이가 존재하는 것이 아니라, 자신을 중심으로 해석한 상대화된 세대 차이가 있는 것입니다.

　　상대적으로 나이가 많은 시니어 여성들을 인터뷰해보면 이런 호소를 듣기도 합니다. "벽에 대고 말하는 것 같은 기분이 들 때가 많아요. 반응이 없어요. 리액션이 하나도 없으니까 마음속을 읽을 수가 없는 거죠." 일 외에는 내 사생활에 대해 어떤 질문도 하지 말고 관심도 보이지 말고, 경계를 넘어오지 말라는 것을 몸으로 보여주는 20, 30대 후배들이 많다는 얘기입니다. 한국의 20, 30대 여성은 평생 평가를 받고 살아왔기 때문에 그런 분위기를 거부합니다.

어떤 점에서는 치열한 자급자족주의 문화가 강해진다고 할 수 있습니다. 이들은 주변 사람들에게 영향받지 않겠다고, 감정노동을 하지 않겠다고 결심하면서 고독한 '최소 자아'를 구성해갑니다. 방어벽을 아주 높게 쌓는 거예요. 여성들은 늘 여성 멘토를 원한다고 말하지만, 멘토를 가질 의지는 없는 셈이라고도 할 수 있습니다.

대규모로 조직에 들어와 여성의 권리와 평등을 실현할 조건을 갖춘 40, 50대 여성들은 여왕벌이 돼보지도 못하고 그렇다고 멘토도 되지 못하는, 난감한 끼인 세대가 되고 있다고 한탄합니다. 이들은 경력이 쌓여가면서 업무에 능숙해지고 일을 빨리 끝낼 수 있는데, 그것이 다른 여성들에게는 '노닥거린다'는 느낌을 주는 것 같다고 말합니다. 뭐라도 도와주려다가 가르치려든다거나 '꼰대'라는 소리를 들을까 봐 두렵다고 하고요. 어떤 여성은 밥도 좀 같이 먹으면서 여성 후배들이 자기가 누구인지 어필하는 것도 들어보고 싶은데 매번 선 긋기를 당하는 느낌이 든다고 합니다. "50대 언니들한테 잘못 걸리면 뼈도 못 추릴 것처럼 느끼는 경계심"을 후배 여성들이 보인다고 표현하더군요. 한편 한

30대 여성은 '나는 왜 사는 걸까.'라는 고민으로 우울한데, 50대 선배들이 세상을 너무 낙관적으로 보고 행동주의에 대한 신념이 강해서 그들이 하는 말이 듣기 싫었다고 합니다. 서로가 서로에 대해 선 긋기 당한다고 느끼는 것이지요.

이렇다 보니 막 일터에 나온 20, 30대 여성은 다른 이들과의 상호작용을 통해서 배우기보다는 자신의 뛰어난 개인기로 승부하고, 매뉴얼화된 행동 강령으로 인간관계의 공정함을 추구합니다. 한국에서 출간된 커리어 우먼의 책에도 뭘 하라, 하지 말라는 말이 정말 많더군요. 미국에서 나온 『페미니스트 파이트 클럽』이란 책에서는 "커피 타는 법은 절대 배우지 마라." 같은 매뉴얼을 제시합니다.[53] 그런 매뉴얼이 과연 여성을 페미니스트로 그렇게 강하게 만들어줄까요? 『페미니스트 파이트 클럽』의 매뉴얼을 따르다 보면 직장에서 완전히 경직되어 있을 것 같아요. 커피 타지 마라, 내가 한 일을 빼앗기지 마라, 성적으로 괴롭히는 동물적 존재를 경계하라…… 이런 매뉴얼을 계속 의식하고 있으려면

53— 제시카 베넷, 노지양 옮김, 『페미니스트 파이트 클럽』(세종서적, 2017).

항상 눈에 심지를 켜고 '내 옆에 오기만 해봐, 물어버릴 거야.'라는 자세가 될 것입니다. 그러다 보면 일터가 너무 힘겹고, 매일 피폐해져 있는 자신을 발견하게 되겠죠. 많은 여성들이 각자 이런 마음의 병을 안고 직장에 다니고 있습니다.

　　중요한 점은, 스스로 판단해 자율적으로 결정하고 언어화하는 '대응'의 힘을 갖는 것이겠지요. "자기가 한 일을 빼앗기지 마라."라는 항목을 볼까요. 여성들이 거의 유일하게 자부심을 갖는 게 일 능력인데, 이에 대한 보상과 인정을 받지 못할까 봐 노심초사하게 됩니다. "자신의 일을 사수에게도 빼앗기지 마라. 네가 한 일을 티를 내라. 포스트잇을 붙여서 최초의 작성자가 누구인가를 알려라." 내 아이디어이고 기획안의 기본을 내가 작성했는데, 이걸 빼앗기면 이것만큼 억울한 일이 어디 있겠어요. 팀장이고 뭐고 빼앗기지 않으려고 늘 긴장해 있지요. 하지만 실질적으로는 직종 및 직위상 당연히 협업이나 팀워크 체제이기 때문에 내가 한 일은 그 체제 안에서만 의미 있는 것입니다. 따라서 자신이 한 일에 대해 일일이 보상과 인정을 받긴 어려워요. 내 직무로 한 일을 '빼앗긴다'고 생각하게 되는 것은, 분명 협업

체제임은 알지만 일이 잘못되면 부하 직원 탓으로 돌리고, 일이 잘됐을 때 오는 영광은 상사 한 명이 독점하는 시스템 때문입니다.

다른 한편으로 '씩씩한 여성 선배'의 영웅성은 어디서 발현되어야 할까를 두고 세대 차이가 분명 존재합니다. 어느 조직에서든 호탕하고 털털하고 일 잘한다고 인정받으며 남성들과 잘 어울리는 여성이 있기 마련입니다. 이런 캐릭터의 한 여성에게서 들은 일화입니다. 어느 날 팀 회식으로 노래방을 갔는데, 남자 팀장이 여자 신입 세 명과 '부르스'를 추겠다고 추태를 부렸답니다. 이 씩씩한 여자 선배는 왜 이러시냐며 자기랑 추자고 해서 후배 세 명을 위기에서 구해냈고요. 후배들에게 멋진 선배로 추앙받을 거라 생각했는데, 이 후배들이 빤히 자기를 바라보는 표정이 별로 좋지 않다는 걸 느꼈답니다. 후배들이 혹시 자신을 성희롱에 민감하지 못하고, 남자들과 시시덕거리는 뒤처진 선배로 보는 것 같아 그들을 불러 화를 냈답니다. 자기 행동은 다 너희를 위한 것이었다고요. 후배 여성들은 "선배가 우리를 대신해서 팀장님과 춤 춘 것에 전혀 고맙지 않다. 그런 행위

자체를 못 하게 하는 것을 원한다."라고 답했다고 합니다. 이 선배의 '소영웅주의'는 시대에 뒤처진 객기일 따름입니다. 일터를 오락화하는 남성 상관과 싸워 그런 문화나 관행을 없애는 여성 선배를 기대하기 때문이죠.

　　　　시니어 여성의 딜레마도 존재합니다. 어떤 여성은 20년 동안 남성이 상대적으로 많은 조직에서 일하면서 남자 후배들의 존경을 받았다고 합니다. 최근 조직 내 젠더 불평등 문제를 해결하기 위해 부서를 바꿔서 일하게 됐는데, 그다음부터 남자 후배들이 자기를 전혀 친근하게 대하지 않더래요. 사실 이 여성은 남자 후배들이 자기를 좋아하기 때문에 자기가 추진하는 일에 협조적일 것이라 믿고 선뜻 그 자리를 맡았는데 말이죠. 자리를 옮긴 후 자신의 모든 네트워크가 끊어졌다는 겁니다. 자기와 비슷한 연배나 지위의 여성들에게 함께 해보자고 제안했더니, 한숨을 쉬면서 "나 여기까지 간신히 올라왔다. 숨 좀 쉬자. 덮자."라는 식으로 반응하고요. 여성은 지위와 경력에 비해 '실질적 영향력을 갖는 위치'에 있지 못하는 겁니다. 분명 의사 결정을 할 수 있는 위치에 올라갔지만, 관계적으로 매우 불안정하고, 거대한 남성 중심적 조직 체제 안에서는 언제든지 현재 위치에서 '제거'될 수 있다는 위협감을 느끼곤 합니다. 이 조직에서 누구도 그 여성의 지위를 무시 못 할 영향력이나 권력으로 판단하지 않는다는 의미지요. 막상 페미니즘적 자아를 발휘하여 무언가 해보려 할 때 함께 할 사람이 없다는 것이 시니어 여성들의 딜레마입니다. 사실 오랜 기간 남성 중심의 조직에서 길들여지다 보니, 변화의 시도조차 하지 않는 시니어 여성들도 많습니다.

여성에게 인정받고 싶은 욕망

제가 여성들에게 누구한테 인정받고 싶냐고 물었더니 의외의 대답이 나왔습니다. 함께 일하는 다른 여성들이 자기를 어떻게 생각하는지가 제일 궁금하다고 했어요. '나를 좋아할까? 나와 함께 일하는 것을 만족해할까? 나를 어떻게 생각할까? 나를 그래도 괜찮은 동료라고 생각할까?' 단순히 일을 잘하는 사람인지 여부가 아니라, 이런 부분에 관심이 많았습니다. 저는 상사나 선배 등을 거론할 줄 알았거든요. 그래서 그럼 동료에게 한번 물어보지 그러냐고 했더니, 자주 듣는 말이 돌아왔습니다. "거절당할까 봐 두려워요." 사귀자는 말을 하는 것도 아닌데 거절을 두려워합니다.

이직이 많은 구조에서 현대 일터의 동료들은 서로의 가치를 파악할 시간도 없고 해본 경험도 없습니다. 그렇기에 신뢰가 형성되기 어렵습니다. 아무도 나에게 관심이 없다고 느끼기 쉽고요. 비슷한 조건과 감정 상태에 있는 여성들이 서로에게 소소한 이야기라도 시작해주고, 일에 대한 태도나 습관 등의 이야기를 대수롭지 않게 주고받을 때, 여성들 간의 긴장은 풀립니다. 여성들은 스스로 예민하고 눈치가 빠르다고 확신하지만, 사실 언어를 통하지 않고는 아무것도 이해할 수 없는 존재입니다. 남성들처럼 계급이나 위치에 따라 알아서 역할 놀이 하는 법을 잘 배우지 못했기 때문입니다. 그렇다 보니까 막연한 탐색과 곁눈질의 대마왕들이 되어갈 뿐이죠. 여성들에게 정말 중요한 것은 의사소통입니다. 이런 능력을 주변 동료들과 함께 발휘하는 것이 협력적 자아를 시작하는 일차적 출발점입니다.

현재 한국의 20대 여성의 90퍼센트, 30대 여성의 40퍼센트가 비혼 상태입니다. '실질적 가부장' 없는 개인화 시대를 사는 여성이 다수가 될 것이라는 의미입니다. 예전에는 결혼과 커리어에 대한 이중 욕망으로 갈등하는 여성들이 많았는데, 제가 최근에 만나본 여성들은 의도적으로든 무의식적으로든 결혼 이야기를 거의 하지 않습니다. 한국 사회에서 결혼 제도의 불합리함을 크게 느꼈기 때문이겠지요. 한편으로는 인생의 경로에서 누군가와 마음 편히 우정과 친밀감을 나누고 싶다는 표현을 많이 합니다. 다른 여성과, 좋은 남성과, 동물 같은 비인간을 포함한 '무엇'과 말이죠. 실질적 가부장이 오랫동안 부재하다 보면, 관계에 대한 걱정과 불안이 생기는 한편 다른 형태의 관계나 친밀성에 대해 매우 개방적인 태도를 갖게 되는 것도 사실입니다.

앤서니 기든스(Anthony Giddens)가 말한 '합류적 사랑(confluent love)'과 같은 욕망을 떠올려볼 수 있습니다.[54] 하나의 지류가 있다면 저쪽에서는 기원도 속성도 생김새도 다른 지류가 흘러나옵니다. 그 둘이 인생의 어느 경로에서 만납니다. 대화도 잘 통하고 취향도 같고 하는 일도 비슷할

54— 앤서니 기든스, 배은경 외 옮김, 『현대 사회의 성, 사랑, 에로티시즘』(새물결, 1996).

수 있고, 한쪽이 다른 한쪽을 기쁘게 보완할 수 있고, 친밀성과 우정을 통해 합류할 수 있습니다. 이질적인 타자 간의 합류. 예전에는 남성과 여성 간의 사랑만 있었지만, 이제 우리는 여성과의 합류적 친밀성을, 개와 고양이 같은 다른 동료 종, 가족이나 몇 명의 친구와의 합류적 연대를 이루고 해석할 수 있습니다. 강줄기는 합류되면서 넓어지잖아요. 그처럼 서로를 증폭시키고, 서로의 자아와 잠재력을 발휘하게 만드는 관계를 맺을 수 있습니다. 타자의 역량과 타자의 감정을 통해서 말입니다. 이렇듯 내가 알지 못했던 나의 어떤 부분을 폭발적으로 성장시키기도 하는 것이 바로 에로티시즘이지요. 에로티시즘은 육체적 사랑을 말하는 게 아닙니다. 혼자 있을 때는 발휘되지 않던 잠재력을 타자가 장려하고 부추기면서 그 타자와의 관계 속에서 표면화되고 현실화되는 능력이 에로티시즘입니다. 이런 에로틱한 관계는 여자들 간의 관계에서도 일어나고 남녀 간의 관계에서도 일어나고 동료 종과의 관계에서도 일어납니다.

제가 목격한 또 하나의 변화는 일하는 여성들이 가지고 있는 유사 친족 욕망입니다. 요즘은 형제자매가 없는 사람들이 많죠. 그렇게 끈끈하고 질척이는 관계는 싫다고 하면서도 이런 말들을 합니다. 송은이, 김숙, 이영자가 보여주는 관계라든가, 누군가에게 '우리 왕언니', '우리 막내'라고 칭할 수 있는 여성들 사이에 속해 있고 싶다고요. 예전에 방송 작가들은 왕언니-나-막내라는 의사 자매로 자신들을 표현하곤 했는데, 이는 정규직 남자 피디와의 대척점에서 불안한 지위를 나름대로 상쇄했던 여성 네트워크였습니다. 물론 위계나 일 중심성 때문에 이런 의사 자매 관계가 항상 배려적이거나 협동적인 것은 아니었습니다. 놀라운 점은 여성들이 '쿨'해 보이는 것에 비해 관계 지향적인 욕망이 훨씬 크다는 것입니다. 일터와 삶터에서 언니-동생이라는 의사 친족 관계를 상상하고 그리워한다는 거예요. 경험해보지 못한 것에 대한 그리움일까요? 경험하지 않은 것을 그리워한다는 것이 이상한 표현이지만, 인스타그램 이미지, 카톡 메시지, 좋아하는 스타나 남자의 존재, 업무 관계, 정치적 노선에 따라 관계의 온도나 지속성 등이 쉽게 뒤바뀌는 관계가 증가하다 보니, 변함없이 서로를 봐주는 유사 친족적 관계에 대한 욕망이 생겨나는 것 같습니다.

물론 이런 유사 친족 관계는 시간과 돈과 감정을 들여야 구성되는 관계이며, 동시에 눈치가 아닌 솔직한 대화와 이해가 수반되어야 지속될 수 있는 관계입니다. 이런 유사 친족적 관계도 여성들에게는 가부장 없는 삶에서 재배열되는 여성들 간의 협력적 관계지요. 누군가 연애나 결혼을 하면 언제든지 해체되거나 하위로 밀릴 수 있다고 여겨지는 그런 관계가 아닙니다. 사실 자기보다 인생을 조금 더 산 사람에게 약간은 의존하고 싶고, 자기보다 인생을 덜 산 사람에게 따뜻한 말 한마디를 베풀거나 이끌어주고 싶은 것이 인간의 문화적 능력이죠. 다시 말해 왕언니-나-막내 같은 의사 자매 관계는 혈연관계의 의무에서는 벗어난 성숙한 여성들 간에 구성될 수 있는 사회적 친족 관계입니다. 여성들이 의사 자매 혹은 다른 여성과의 관계 맺기로 회귀하려는 욕망을 드러내는 것은 여적여 패러다임에서 벗어나 '협력적 자아'로 이동하고 있음을 보여주는 것입니다.

가부장 없는 미지의 세계

오기가미 나오코(荻上直子)의 영화 「카모메 식당」에 나오는 인물들은 여성들 간의 관계에 대한 흥미로운 사례를 제공합니다. 제가 자신의 자아를 잘 유지하면서 다른 여성들과 어떻게 관계를 맺어야 하는가를 고민할 때 가장 큰 영감을 준 영화였습니다. 영화는 세 명의 여성 인물을 중심으로 진행되는데, 이들이 어디서 왔고 무슨 사연을 갖고 있는지 알려주지 않습니다. 나이도 알 수 없고요. 우리가 시시콜콜 서로의 삶을 알아야만 친해지는 건 아니잖아요? 그들은 절대 자신들의 과거로 돌아가지 않겠다는 아주 결연한 의지를 품고 집을 떠났고, 그렇게 무대가 되는 곳은 아버지의 지배 공간인 일본을 벗어난, 언어도 낯선 미지의 공간 핀란드입니다. 이런 핀란드를 배경으로 '여성성'을 상기시키는 식당에서 자신들의 유토피아를 만들어나가는 이야기가 전개됩니다.[55]

영화 속 여성들은 어쩌면 그렇게 무심한 듯 행복해 보일까요? 여기에는 여성들을 위협하는 어떤 것도 존재하지 않습니다. 억압적인 남편이나 아버지도, 남성 상사도 나오지 않고 밤거리의 추행자도 나오지 않아요. 또한 시선의 주체가 남성이 아닙니다. 서로 아무런 강요도 하지 않습니다. 우연히 '난민화'된 형태로, 핀란드의 작은 식당에서 각자의 삶에 깊게 관여하지 않은 채, 아무것도 묻지 않지만 노동 분업은 철저하게 수행하고, 괴팍한 핀란드 여성도 돕습니다. 작은 식당이더라도 수지 타산을 맞춰가는 방식으로 살아갑니다.

「카모메 식당」을 참고하고자 한 이유는, 우리가 알고 있던 여성 공동체와 다른 방식의 연대를 보여준다는 점입니다. 많은 여성 공동체는 '고백'이나 '솔직함'이라는 명분으로 시시콜콜한 자기 삶을 다 전시하고 서로를 서로의 감정 배출구로 활용하는 한에서만 연대가 가능하다고 믿습니다. 서로의 고통을 이해하고, 서로를 '연루'시켜야만 사내가 되는 방식이지요. 하지만 이런 방식의 친밀감은 굉장한

55— 한새미, 「오기가미 나오코(荻上直子) 영화의 여성상 연구: 카모메식당(かもめ食堂), 안경(めがね)의 여성인물을 중심으로」(고려대학교 중일어문학과 석사학위논문, 2016). 김미혜, 「타인의 얼굴과 사랑의 실천: 영화 〈카모메 식당〉을 중심으로」, 《한국콘텐츠학회논문지》 제17권 3호(2017), 53~60쪽.

상호 부담감을 낳습니다. 고통에 대한 공감 능력만을 강조하는 여성들 간의 관계는 고통에서 벗어나 활력 있는 개인으로 변화하는 여성을 그리 달갑지 않게 봅니다.

그리고 여성들이 무언가를 같이 할 때 "우리는 서로 평등해야 해. 위계 관계는 안 돼. 모든 걸 공평히 나누고 노동 시간도 똑같아야 해."라는 식으로 이상한 상호 감시 체제를 구성하기도 합니다. 많은 약속과 규칙을 미리 만드는 탓에 시작하기도 전에 지쳐버리죠. 열려 있어야 할 능동적인 연대가 오히려 공평, 질서, 규율, 규칙, 의무로 구성되는 경우가 많습니다. 제가 현재 가장 편하게 생각하는 여성들의 공동체는 처음엔 가장 느리고 답답하다고 느껴서 도망갈 궁리를 했던 모임입니다. 너무 규칙이 없어 목적 지향적인 저 같은 사람은 날카로운 말을 많이 퍼부었지요. 하지만 이들은 감정적으로 풍요롭고 성숙한 여성들이라 천천히 한두 가지 질서를 만들어갔습니다. 이후 모든 사람이 이 질서에 적응하고 협력하는 것은 상당히 쉬운 일이었습니다.

왜 페미니즘의 대중화라는 역사적 순간 안에서 다시, 진부하게 들리는 여성의 협력적 자아와 능동적 공동체를 이야기할까요? 여자들은 예전보다도 훨씬 더 자율성에 대한 열망이 커졌지만, 경제적 조건이나 충족적 관계의 부재로 불안정성에 시달리고 있습니다. 세대의 차이만큼이나 이런 불안정성을 경험하는 방식이 여성들마다 다르다는 데 주목해야겠지요. 하지만 이런 불안정성은 서로를 수용할 수 있는 기본적인 조건이기도 합니다. 불안정성을 단순히 취약성으로 받아들여서는 안 된다는 뜻입니다. 일터에서는 취약함을 드러내면 그 순간 먹잇감이 되거나 무시당할 거라는 생각에 꽁꽁 가둬두기 십상이지만 말입니다. 불안정성은 일터와 삶터를 지배하는 정서이고, 그 정서는 자신의 고유한 성격 때문에 만들어진 것이 아닙니다. '가부장 없고 직장 없는' 기간이 오래 지속될 수밖에 없는 새로운 시대에 여성의 존재 조건이나 다름없습니다. 이 때문에 슬픔이나 낙담의 감정만 생겨나는 것은 아닙니다. 여성들의 새로운 존재 조건이 호기심, 객기, 모험심, 해방감, 일상적 친밀성에 의해 추동되는 여성들 간의 관계에 대한 욕망을 제공해주지요.

교환의 틀을 벗어난 여성 연대

불안정성과 부족함 혹은 이동을 위한 여성들의 연대는 다시 집으로 돌아가는 연대가 아닙니다. 서로 봐주고 묻지 않고 이해해주고 공감 능력을 갖는 마음의 이동이 꼭 필요한 상황입니다. 그렇지만 우리를 이동시키는 것은 여자라는 동질성에서 오는 고통의 감각화나 무조건적인 평등주의가 아닐 수 있습니다. 모든 관계가 그렇듯이 기쁨, 우연성, 발견, 먹고 마시는 일, 상호 대화를 통해 삶에 활력을 불어넣고 삶을 활성화하는 것이 중요한 목표가 되어야 합니다. 이로써 우리는 '고통받는 모든 여성'이라는 틀에서 벗어나, 가부장 없는 이방, 미지의 장소에서 유토피아를 구성하는 개척자처럼 자유로워질 필요가 있습니다. 우리 모두가 아버지의 나라인 대한민국을 떠나 다른 곳에서 난민으로 만날 수는 없잖아요? 따라서 '바로, 여기에서'라는 시공간적 감각이 필요하겠습니다. 지금 우리는 감정도, 우정도, 친밀성도 상품처럼 교환해야만 지속할 수 있는 사회를 살고 있지요. 거기에서 벗어나 상품이라는 매개체를 통하지 않고도 감정과 친밀성을 나눌 수 있는 연대의 방식을 고민해보자는 겁니다.

마지막으로는 놀이와 노동이 비위계화된 관계에 대한 고민을 나눠봅니다. 놀이와 노동의 비위계적 관계는 임금노동을 하느라 지친 뒤에야 놀이를 하려는 이분화된 관계가 아니라, 놀이와 노동이 동시적으로 작동하고, 일과 삶터에서 순환되는 관계를 뜻합니다. 일터에서 나누는 유머, 함께 하는 영화 관람, 유사 자매가 될 여성에 대한 탐색 등등. 과시적 소비나 상품 취향을 통해 가까워지는 관계도 있겠지만, 돈을 조금 쓰면서도 대화로 친해지는 관계들을 맺어나가야 할 것입니다. 놀이와 노동이 함께 순환하는 여성들의 능동적 공동체가 더 많이 만들어졌으면 합니다. 그러기 위해서 우리는 조금 더 개방적이며 너그러운 '협력적 자아'의 세계로 이동해야겠지요.

질의응답

Q. 선생님은 어떤 방식의 라이프스타일 페미니즘을
실행해오셨는지 궁금합니다.

A. 저의 결정 중 하나는 결혼 제도에 들어가지 않는 것입니
다. 그리고 교수로서 임금을 받고 수행하는 타율노동만큼이나 제가
선택한 사회운동 등의 자율노동을 많이 하는 편입니다. 그래서 피곤
해 죽겠어요. 그럼에도 불구하고 제가 늘 좋아하고 포기하지 않는 게
자활노동입니다. 가끔 빵 구워서 나눠 먹고 주말에는 밑반찬 해서 냉
장고에 넣어놓고, 도시락도 냉동해뒀다가 약속이 없을 때는 싸 가고
요. 그런 거 아세요? 엄마들이 굉장히 피곤할 때, 새벽에 김치 담그잖
아요.(일동 웃음) 제가 예전엔 엄마가 왜 그러는지 이해를 못했는데, 그
렇게 자식을 위해 헌신하고 고생하는 엄마의 모습을 보면서 너무 궁
상맞다고 생각했는데 그게 아니더라고요. 당시 엄마는 끝나지 않은
가사노동을 밤새 할 수밖에 없었거나, 조용히 자기만의 시간을 갖길
원했겠지요. 그런데 제 경우 타율노동을 너무 많이 하다 보면, 요리나

청소, 식물 가꾸기 등 나의 손기술과 감각을 회복하는 활동이 필요합니다. 내 고유의 감각. 그것을 찾으려면 내 손으로 내가 원하는 노동을 해야 합니다. 또한 제 이론적 배경이 정치경제학에 기반을 둔 페미니즘이기 때문에 어찌 됐든 자본주의 소비경제에 굉장히 비판적이에요. 그래서 삶의 균형을 꾸려갈 때 제가 항상 유혹당하면서도 조절하려고 하는 건 소비, 곧 상품 구매입니다. 그래도 여전히 엄청난 물건을 소유하고 있습니다.

육체노동과 지식노동 사이에 위계를 두지 않으려고도 합니다. 인간의 생활이 가능하려면 다양한 형태의 노동이 상호 의존적으로 결합되어 돌아가야 합니다. 따라서 육체노동, 서비스노동, 인지노동 그리고 다른 노동들 사이에 위계를 만들지 않는 사유를 하도록 스스로 계속 인식하는 거죠. 또 어머니와 친자매들과는 일주일에 한 번씩, 의사 자매들과는 적어도 한 달에 서너 번씩 함께 저녁을 먹는 행위가 있겠네요. 일상의 의례화(ritualization). 의례라고 하면 부계혈족 사회의 제사 같은 걸 떠올리는데, 그게 아니라 자기 의례 행위로서 고정적으로 하는 활동이 필요합니다. 일상생활에서 너무 지치고 내가 현재 어디에 머무르고 있는지 계속 망각이 일어나잖아요. 내 자존감을 충족하지 못하고 원하는 게 뭔지 알 수 없을 때, 삶의 균형을 맞춰가려면 정기적으로 수행하는 의례화된 형태의 사회적인 관계 행위가 있어야 합니다. 제 주변의 다양한 나이대의 여성들이나 페미니스트들은 함께 사회운동을 하고, 산책하고, 영화 보고, 여행하는 의사자매들이나 다름없더라고요. 제가 이상한 방향으로 나가지 않고, 잘못 판단하지 않도록 중요한 참조 집단이 되어주기 때문입니다. 나이가 들면 자신의 부족함을 알게 되면서 다른 여성들의 '존귀함'과 '존재'를 깨닫게 됩니다. 이때부터 비로소 페미니스트 라이프스타일이 선명해지는 게 아닐까요? 서로의 삶의 역사 속에 기입할 수 있는 페미니스트 동료를 만들어나가시길 바랍니다.

나가며 　**돌봄 사회로의 전환을 희망하며**

　　이 책의 출간을 준비하는 지금도, 코로나(코로나바이러스감염증-19) 팬데믹은 여전히 당혹스럽고 두려운 일상으로 존재합니다. 직접 만나 관계를 맺고, 뭐든 함께 해보는 친구나 동료를 만들어야 페미니스트로서 삶이 지속된다는 이 책의 주장은 봉쇄, 거리 두기, 멈춤, 가상의(virtual) 만남 등으로 그 수행성이 제한되었지요. 팬데믹의 갑작스러운 도래만큼이나 그것의 영향력은 우리 모두를 혼란에 빠트리고 삶의 방향을 조정하게 만들었습니다. 코로나 재난은 지구상의 인류 또한 동식물이나 오염된 대기, 땅, 물처럼 생명과 생존을 위협받는 '종(species)'임을 일깨웁니다. 인류학자 올리버 스미스(Anthony Oliver-Smith)는 재난은 물질세계와 문화 세계에서의 인간 활동을 '폭로'하는 것이라 말합니다.[1] 재난의 회복은 이전의 일상으로의 복귀가 아닌, 재난의 원인인 인간 활동의 '가치 전환'을 통해서만 가능합니다. 팬데믹으로 수많은 사람이 애도받지 못한 채 고통 속에 죽음을 맞이했고, 경제적, 사회적 약자로 전락했습니다. 하지만 우리가 목격하는 현실은 변화를 위한 정의로운 전환과는 거리가 멀어 보입니다. 여전히 남성 중심주의에 기반을 둔 생산·기술·대기업 중심의 사회적 관성이 불평등을 심화하고 있다고 생각하기 때문입니다.

무엇보다 팬데믹은 불안정한 노동 조건에 놓인 수많은 여성을 더욱더 취약하고 위태로운 삶으로 내몰았습니다. 코로나로 사회적 돌봄 서비스가 장기간 유예되면서 인간의 생명과 삶을 유지하고, 교육과 보건에 대한 욕구를 충족하는 모든 부담이 집과 가족에 전가되었습니다. 여성들은 재난을 '피할 수 없는' 상황으로 받아들이며, 전통적 성역할이나 노동 시장에서의 불평등한 대우를 감내하는 경

1— Anthony Oliver–Smith, Susanna M. Hoffman, "Introduction: Why Anthropologists Should Study Disasters," in *Catastrophe and Culture: The Anthropology of Disaster*(SAR Press, 2002), pp. 1~22.

향이 강합니다. 이를 통해 재난이 빨리 종식될 것이라 믿기 때문입니다. 하지만 이것은 여성성을 다시 인내나 희생으로 본질화하는 사회적 압력의 결과이기도 합니다.

IMF나 금융 위기 시 경제 회복력이라는 이름으로 수행된 여성 우선 해고는 코로나 시기에도 예외가 없었습니다. 코로나 재난 초기인 3월 여성 취업자는 전년 동월 대비 19만 5000명, 4월은 29만 3000명이 감소했고, 코로나 이후 두 달간 매일 8133명의 여성이 실업 상태가 되었습니다.[2] 이는 코로나 위기가 시작되자마자, 가장 먼저 해고되거나 실직한 사람이 여성임을 보여줍니다. 여성들이 집중적으로 고용된 시간제·기간제 노동이나 교육 서비스 분야 같은 특수고용직이나 '프리랜서'형 일자리는 해고나 강제 휴직에 대처할 수 있는 '보호 장치'가 없습니다. 일자리 상실은 곧 여성들의 경제적 생존 및 사회적 존재성을 위태롭게 했습니다. 돌봄 부담으로 퇴사한 여성들도 증가했습니다. 한

2— 배진경, 「성평등 노동과 '돌봄 뉴딜'을 위한 제언」, 여성가족부·한국여성정책연구원 주최 '코로나 19의 여성 노동위기 현황과 정책과제' 토론회 발표문(2020년 6월 11일).

조사에 의하면 워킹맘의 48.6퍼센트가 자녀 돌봄 공백을 메우기 위해 퇴직을 선택했다고 합니다.[3]

코로나 사태가 여성의 노동, 공감 및 돌봄 능력에 기대어 해결되고 있지만, 정작 이들의 피해나 기여는 제대로 담론화되지 않고 있습니다. 코로나 재난 극복의 국가적, 사회적 비전에서조차 젠더 기획은 존재하지 않습니다.

페미니스트들은 자본축적 과정에서 착취당하고 소외된 존재들이 재난의 부담(burden)과 피해를 더 지는 구조를 비판해왔습니다. 재난 시 여성이나 빈곤 계층을 포함한 사회적 약자에 대한 배제는 당연한 것처럼 자연화됩니다. 그 속에서 배달이나 청소, 돌봄 분야 등에 종사하는 필수 노동자는 자신의 노동력을 재생산할 휴식과 섭생을 차단당해 일터에서 죽음을 맞이하기도 합니다. 이동을 통해 생존 방안을 마련하는 이주자들은 글로벌 이동제한령으로 본국에 돌아갈 수 없게 되었습니다. '경기가 안 좋

3— 류인하, 「코로나19 이후 '돌봄 공백'... 직장맘 줄퇴사 원인됐다」, 《경향신문》(2020년 12월 27일 자), news.khan.co.kr/kh_news/khan_art_view.html?artid=202012271131001&code=940100.

다.'라는 말 한마디로 수개월 치 월급을 받지 못해 '삶의 일부'가 삭제된 것 같은 느낌을 받지만, 이들의 가장 큰 공포는 낯선 곳에서 외롭게 죽을 수 있다는 것이라고 말합니다. 그러나 이들은 바이러스를 옮기는 외국인으로 쉽게 혐오와 화풀이의 대상이 되어 고통을 발화하기도 힘든 상황에 처해 있습니다.

한편 이런 재난 상황에서도 '위기가 기회다.'라는 담론이 만연합니다. 한국 정부의 '한국판 뉴딜'은 디지털 비대면 산업과 스마트 의료 체제, 돌봄 로봇 등이 신성장 동력으로 한국의 미래를 책임질 것처럼 말합니다. 이미 많은 이가 우려를 표명했듯이, 누가 그런 기술을 독점하여 이윤을 창출하고, 통제 기술로 사용하느냐에 관한 고민도 없이 '만능 해결책'처럼 제시되고 있는 것이 문제입니다. 디지털과 AI 산업이 기후위기를 막아낼 '청정 산업'으로 잘못 선전되고, 정부와 기업의 '미래선언'은 혁신, 그린, 도약, 일자리라는 말로 포장됩니다. 사람과 같은 생명체, 생태계의 외침은 쉽게 소거됩니다.

2000년대 '심심이'로 시작한 놀이용 대화

엔진은 2020년 챗봇 '이루다'로 진화했습니다. 이루다는 과학기술 만능주의 시대 젠더 문제에 대한 아이러니를 잘 보여줍니다. 인간은 남성으로 대표되고 그런 인간의 명령을 수행하는 피조물 혹은 보조 장치인 로봇이나 인공지능은 여성으로 설정됩니다. 20대 여성으로 설정된 이루다는 (비현실적인) 혀 짧은 소리로 '인간'과 친밀성, 정보, 생각을 교환합니다. 이루다는 여성의 목소리로 여성을 포함한 사회적 약자를 비하하도록 설계되거나, 그렇게 생각하고 말하도록 학습됩니다. 실로 챗봇 같은 AI 역시 '길들일 수 있는' 개발자와 이용자의 남성 권력은 견고합니다.

생산력의 확장에만 목표를 둔 전 지구적인 약탈적 자본주의가 생명을 앗아갈 만큼의 노동 착취를 일상화하고, 기후위기를 포함한 생태 위기를 만들어냈다는 점을 알면서도, 우리는 당장 두려움과 불안에서 벗어나기 위해 집단적 최면에 동참합니다. 위기감이 고조됨에 따라 너나할 것 없이, 여성들 또한 '영끌(영혼까지 끌어모음)' 주식 투자에 참여하고, 부동산 시세와 은행 이자를 수시로 계산하면서 더욱더 투기화된 자본주의 갱생의 기획에 참여합니다.

분명 주식으로 갑부가 된 소수의 청년과 여성이 등장할 것이고, 이들의 '비법'을 전수받기 위해 수많은 사람이 돈을 지불하겠지요. 재난의 원인인 약탈적 자본주의는 더 많은 소비와 주식 투자를 해법으로 받아들이는 사람들에 의해 면죄부를 받아 환경을 파괴하고, 인간의 삶을 더욱 피폐하게 만들 수 있습니다.

일군의 페미니스트들은 '돌봄 사회로의 전환'을 회복을 위한 정의로운 전환이라 주장합니다.[4] 돌봄과 자원의 교환은 여전히 어려운 시기에 자연, 인간, 사회를 살려내는 힘입니다. 생태계와 돌봄 노동은 사회의 재생산을 위해 없어서는 안 될 자원이지만, 자본주의가 이룩해온 수치적 성장주의는 생태계와 여성의 돌봄노동을 수용 및 회복 가능한 수준 이상으로 착취해서 얻은 결과입니다. 성상도, 인간의 돌봄도, 생태 자원도 '무한 공급'이 가능하지 않다는 점을 인정하는 것에서부터 대안을 모색해볼 수 있습

4— 김현미, 「코로나 시대의 '젠더 위기'와 생태주의 사회적 재생산의 미래」,《젠더와 문화》제13권 2호(2020), 41~77쪽.

니다. 공유, 공존, 순환, 돌봄 같은 생태주의적 가치를 사회 재생산의 운영 원리로 통합하지 않으면, 젠더 불평등과 환경 파괴는 동시적으로 심화됩니다.

돌봄 사회는 돌봄을 여성의 일로 본질화하는 것을 거부하고, 성이나 계급을 초월한 인간 돌봄자의 인격을 구성해내는 사회일 것입니다. 인간 돌봄자는 스스로를 돌보고 타인을 돌보며 비인간종과 생태계를 함께 돌보는 존재로, 누구라도 이런 돌봄을 평생 수행해야만 하고, 좋은 돌봄의 의미를 지속적으로 학습하고 훈련할 수 있는 사회적 환경에서 살아갈 권리를 주장해야 합니다. 이를 통해 가족을 포함한 혹은 가족을 벗어난 다양한 형태의 평등, 정의, 소속의 새로운 결속체를 이루어가는 돌봄 사회를 실현할 수 있습니다. 코로나 위기는 다른 방식으로 생각하고 실천하는 급진적인 사람들을 많이 만들어내기도 합니다. 재난의 폐허에서 태동하는 공동체 감각으로 페미니스트 라이프스타일을 만들어가는 여성들은 새로운 활력으로 전진할 것입니다.

강의 참여자들과 이 책의 독자들은 지금,

어디서, 어떻게 살아가면서 코로나 위기를 경험하고 있는지 궁금합니다. 저는 이 위태로운 시기에 '정규직'으로 일하며 베란다 텃밭을 가꾸고 밥을 짓고 음식을 나눌 수 있던 일상이 특권적인 생활 방식이었고, 또 방식에 대한 고민 없이 행해왔던 회의나 모임 등의 사회적 관계가 과도하게 물질적이고 반(反)생태적이었다는 점을 성찰했습니다. 인간과 자연을 함께 돌보며, 경제적, 사회적, 심리적 자립을 함께 이뤄나가는 페미니스트 공동체에 대한 희망이 여전히 섬세한 빛으로 존재하길 고대합니다.

이미지 출처

22쪽(위) 한겨레(온라인판 1998년 10월 9일 자) | 22쪽(아래) 한겨레(온라인판 1999년 12월 25일 자) | 73, 178, 217쪽 ⓒ연합뉴스 | 132쪽 조선일보(온라인판 1974년 7월 14일 자) | 138쪽 ⓒ영상자료원 제공 | 252쪽 @2yaejin_0

이 책에 실린 이미지는 저작권자의 허가를 받은 것들입니다. 단 저작권자와 연락이 되지 않아 부득이하게 허가를 구하지 못한 경우, 연락이 닿는 대로 절차에 따라 허가를 받고 사용료를 지불하겠습니다.

페미니스트 라이프스타일
내 삶과 세상을 바꾸는 페미니즘

1판 1쇄 찍음 2021년 2월 15일
1판 1쇄 펴냄 2021년 2월 22일

지은이 김현미
기획 줌마네

편집 최예원 조은
미술 김낙훈 한나은
전자책 이미화
마케팅 정대용 허진호 김채훈 홍수현 이지원
홍보 이시윤
저작권 남유선 김다정 송지영
제작 박성래 임지헌 김한수 이인선
관리 박경희 김하림 김지현

펴낸이 박상준
펴낸곳 반비

출판등록 1997. 3. 24.(제16-1444호)
(06027) 서울시 강남구 도산대로1길 62
강남출판문화센터
대표전화 515-2000, 팩시밀리 515-2007
편집부 517-4263, 팩시밀리 514-2329

글 ⓒ 김현미, 2021. Printed in Seoul, Korea.
ISBN 979-11-91187-84-7 (03330)

반비는 민음사출판그룹의 인문·교양 브랜드입니다.

만든 사람들
책임편집 조은
디자인 한나은